摘要生活大小事

記錄手冊

養成摘要習慣，將隱性知識轉換成顯性知識！

什麼應該摘要？生活的大小事！我們能摘要的不光是有意義的知識活動。正如想法、學習、對話、日常、工作等，全都可以記錄一樣，我們所做的每件事也都可以摘要。

做任何事或採取行動，無異於是將累積的知識付諸實現。也就是說，我們所做的事情或行動中蘊含著知識。一般稱此爲隱性知識 —— 不是肉眼可見的知識，而是「內隱在身上，形成習慣的知識」。

因此，摘要自己做的事或行動，等同在摘要身上的隱性知識。摘要隱性知識，把它表現出來後，就成了顯性知識。養成摘要的習慣，好比在生活的各種領域中，將隱性知識轉換成顯性知識一樣。

假如你採取了某個行動，或者做完了某件事，請試著這麼做。首先，按照順序寫下自己做了什麼，再思考其中有意義的環節，然後記下來。不管是做這件事當時的感受，抑或浮現的想法都可以。唯有如此，你才能親身體驗到隱性知識轉換成顯性知識的過程。

一開始不妨先從慢跑這類的小行動著手。如果不知道該怎麼選出「事件」，不妨以「時間」來摘要。

摘要一天、一星期、一個月、一年。試著整理自己一整天做了什麼，這時你得依照重要程度排序，而不是時間順序。摘要一星期時亦然，試著回想這星期做了什麼。摘要一個月、一年時，也都是相同的方式。

摘要一天或一星期時，只要大略回想一下，就能想起一些重要的事。不過以一個月或一年爲單位時，要想起重要的事恐怕不容易。由於期間較長，發生的事很多，所以很難果斷做出抉擇。此時如果先分類，重要的事就會神奇地一一浮現在腦海中。建議在摘要一個月或一年之前，先區分工作、人際關係、學習與成長、家人、休閒娛樂等，再回想有哪些事情比較重要。

替生活摘要後，便可以確認自己比較喜歡什麼、擅長什麼、能從什麼當中感受到成就感與滿足感。試著實踐三個月，自然會逐漸養成摘要的習慣。

（＊詳細內容參見本書 P.122）

我今天做了什麼？

Date：

①

②

③

我今天做了什麼？

Date：

①

②

③

我今天做了什麼？

Date：

①

②

③

我今天做了什麼？

Date：

①

②

③

我今天做了什麼？

Date：

①

②

③

我今天做了什麼？

Date：

①

②

③

我今天做了什麼？

Date：

①

②

③

我這星期做了什麼？

Week 1：　/　/　～　/　/

①

②

③

我今天做了什麼？

Date：

①

②

③

我今天做了什麼？

Date：

①

②

③

我今天做了什麼？

Date：

①

②

③

我今天做了什麼？

Date：

①

②

③

我今天做了什麼？

Date：

①

②

③

我今天做了什麼？

Date：

①

②

③

我今天做了什麼？

Date：

①

②

③

我這星期做了什麼？

Week 2：　/　/　～　/　/

①

②

③

我今天做了什麼？

Date：

①

②

③

我今天做了什麼？

Date：

①

②

③

我今天做了什麼？

Date：

①

②

③

我今天做了什麼？

Date：

①

②

③

我今天做了什麼？

Date：

①

②

③

我今天做了什麼？

Date：

①

②

③

我今天做了什麼？

Date：

①

②

③

我這星期做了什麼？

Week 3：　/　/　～　/　/

①

②

③

我今天做了什麼？

Date：

①

②

③

我今天做了什麼？

Date：

①

②

③

我今天做了什麼？

Date：

①

②

③

我今天做了什麼？

Date：

①

②

③

我今天做了什麼？

Date：

①

②

③

我今天做了什麼？

Date：

①

②

③

我今天做了什麼？

Date：

①

②

③

我這星期做了什麼？

Week 4：　/　/　～　/　/

①

②

③

我這個月做了什麼？

①

②

③

我這一年做了什麼？

①

②

③

《巨人的筆記》隨書贈品

方智出版

用記錄改寫人生的方法

巨人的筆記

金翼漢 김익한——著

Loui——譯

거인의 노트: 인생에서 무엇을 보고 어떻게 기록할 것인가

序

記錄下來，就能看見人生的方向

我對「紀錄」著迷，出於很多原因。其中最重要的就是，我需要一個突破點，幫助我跨越擋在學問之前的障蔽。

高中二年級時，我因爲藝文社團學長的關係，開始接觸史學，他當時說的話對我產生很大的影響。他大概是這麼說的：

「金東仁的小說《馬鈴薯》、金洙暎的詩《草》，全都在歷史留下了一頁。**了解歷史的話，眞相就會大白。**」

我跟那句話角力了好幾天。了解歷史後，一切似乎都會變得明朗。我相信，無論是文學作品、限制自由的宵禁，或者剛從鄉下來到九老工業園區①的女工人

① 編按：位於首爾。

生，只要從歷史的角度去觀察，一定能得知這莫名的憤怒、空虛和失落感，究竟意味著什麼。

就讀高中的時候，我之所以想考大學，只爲一個原因：那就是好好學歷史。從未認眞準備大學考試的我，爲了實現學習歷史的抱負，從高二暑假開始伏案苦讀。我整天泡在學校前的K書中心，連吃飯和睡覺都沒有離開，想盡辦法補足先前的進度。得益於那段時間的苦讀，我在班上的排名原本落在中間程度，後來卻考上了首爾大學的人文學院。

大學是我用血汗換來的自由與夢想。就讀大學後，我很快就著迷於史學。只要是學長們認爲不錯的書，我都會找來看，連他們的一句話和呼吸都不放過，非常執著。可是，上天好像不站在我這邊。那年秋天，時任總統的朴正熙被中央情報部部長金載圭槍殺，他的死亡鬧得天翻地覆，也動搖了我的世界。

比起走進教室，我更常走上街頭。那時候的世界，並不適合悠閒地坐在教室裡翻看書本。學長和同學也和我抱持一樣的想法，所以我們的大學時期有一半以上的時光，都是在動盪的街頭一起度過。

大學二年級的時候，我不顧父母的憂心與勸阻，毅然決然選了歷史學系。我想深入探索歷史，這是我從高中開始認眞讀書的原因，也是我的宿願。然而，把歷史選爲主修科目後，我發現自己的心情變得不太一樣。

我很徬徨。一直以來，我以爲深入探索歷史，藉此解讀一件事，找到正確的方向，是我唯一能做的事，且至死方休。然而，站上街頭的那一年，我的價値觀徹底被顚覆了。

說得更準確一點，我不知道汲取書中知識或走上街頭，哪一種才能讓世界變得更好，所以開始徬徨。我當時深刻體會到，有些障蔽，光憑學習歷史是無法打破的。

在這段混亂的時期，五一八民主化運動②爆發了。次月，即一九八〇年六月，我因爲在戒嚴時期舉辦學系讀書會，首次進入首爾警察廳對共分室③，被關了半個月左右。同年年底，我受到所謂的「霧林事件④」（首爾大學自治組織事

②譯注：又名光州事件。一九八〇年五月十八日至二十七日期間，光州當地自發的民主運動，遭全斗煥下令武力鎭壓，造成大批平民與學生死傷。一九九七年，韓國政府將五月十八日制定爲五一八民主化運動紀念日，光州亦成爲人權和自由的「聖地」。

件）牽連，被關入南營洞對共分室長達一個月以上。後來我雖然沒有坐牢，卻成了強制徵召的犧牲羊，在江原道麟蹄郡元通當了兩年以上的兵。待在陌生環境裡，我的思緒越來越亂。

我每天都在思考，焦躁地想著爲何讀了這麼多書，還是一事無成。儘管歷史和哲學可以爲人生指引方向，依然遠遠不夠。我得改變才行。想滿足這分渴望，我的手中必須有更具體的實踐方法。

左思右想後，我找到的答案就是「紀錄」。留下紀錄，使我不再徬徨於理論和實踐之間，爲煩惱帶來解答，同時還讓我跳脫框架，不繼續困在「歷史等於理論，紀錄等於實踐」的二分法思考當中。**追求理論（歷史）才得以實踐（紀錄），經由實踐（紀錄）才能有理論（歷史）**。

紀錄是突破思考極限的最佳利器。把所有單純的想法記錄下來，它們便會成爲方法、成爲歷史。想通這點後，一切終於明朗了。

就這樣，我成爲韓國國內第一位紀錄學者。擔任紀錄學者的二十五年，我努力向大學、政府、社會傳達紀錄的重要性。二〇〇〇年起，我投入所有心力制定「公共機關紀錄管理相關法規」，並於盧武鉉政府時期，接下青瓦臺紀錄暨業務改革特別小組諮詢委員長的職務。紀錄學會成立後，我的學術活動依舊沒有停歇。爲了建立企業、文化藝術、鄉村的相關檔案，我奔波全國各地，培養了超過三百名以上的紀錄研究師。

在長期的記錄、教學、推廣之下，我發覺未能正確理解或活用紀錄的人，遠比想像中更多，這讓他們時常碰壁。要是他們能做好記錄，無論是生活、學業、工作、人際關係都會變得更透澈，找到問題的解決之道也不再是難事，但他們就是不明白。看著他們苦苦掙扎的樣子，我感到相當惋惜。

於是，我決定降低「紀錄學」的門檻，先從具體的方法和技術開始推廣，讓實踐記錄的對象，從國家、企業、鄉鎮，擴大到個人。

我建立 YouTube 頻道《金教授的三件事》，也是出於這個契機。如同解開

---

③ 譯注：韓國政府爲了審查涉嫌通共者而設立的單位。同時是警察以滅共名義，刑求學生的地方，最著名的便是朴鍾哲拷問致死事件（電影《1987》之背景）。

④ 譯注：一九八〇年於首爾大學發表《反法西斯校友鬥爭宣言》的學生，被誣陷爲北韓間諜或強制入伍服役的事件。

包袱一樣，我透過影片一點一點揭曉各種瑣碎的事，像是如何寫筆記，或是讀書的方法、早起的方法等。令人訝異的是，傾聽我的故事、對故事產生共鳴的人，多得超乎預期。從某個角度來說，「紀錄」雖然平凡簡單，但大多數的人仍無法在生活中好好應用。

當我仔細聆聽每個人的故事後，原本輕鬆的心情逐漸沉重。我期盼他們擁有更好的生活。喜歡我的紀錄影片的人不分男女老少，他們全都感受到記錄自己生活的好處。

紀錄很單純，不過是記錄每天的自己。只要把你的想法、經歷、感受等全都記下來，就能得知自己最重視的是哪些東西。統整它們後，留下來的就是紀錄。**留下紀錄，人生就會變得容易**。曾視爲問題的事情從此沒什麼大不了，煩惱也都會迎刃而解。

「侏儒站在巨人的肩膀上，就能看得比巨人更遠。」

紀錄亦然。縱使現在是侏儒，累積許多紀錄後，我們可以站在上面，遙望更遠的地方。如果把自己留下來的紀錄當成墊腳石，便能站到最高點，成爲巨人。我把書名定爲《巨人的筆記》，正是出於這個原因。

我希望能透過《巨人的筆記》，教導各位記錄的方法，讓人生變得容易一點。在這場人生旅途中，我會一直陪在大家身邊，無論是幫助各位活用紀錄作爲成長的墊腳石，抑或帶領大家透過紀錄挖掘藏於內在的欲望與眞心。各位大可不必擔心內容過於困難或複雜，猶豫該不該繼續看下去。我的記錄方法就算是從來沒有寫過筆記的人，實踐起來也像吃飯呼吸一樣簡單。

這本書總共分爲三個主題。第一部〈記錄的人〉，提出紀錄的重要性與價值，告訴大家跨越成長障蔽的方法。第二部〈巨人的摘要法與分類法〉，則說明如何概述腦袋中的複雜思緒、分類這些想法，以便隨時拿出來應用。

最後的第三部最重要，內容涵蓋即刻適用於任何人的〈巨人的五種記錄法〉。當中介紹了如何記錄學習、對話、想法、日常、工作等生活最重要的五個領域，以提升自己的效率。

假如你再怎麼讀書，成績都沒有起色；看了一堆書，也記不住任何東西；老是沒來由地感到鬱悶或是渴望提升工作成效，就應該記錄。對於來到極限的各位而言，記錄是最簡單、最快速的方法。

盼各位能像我先前在歷史與紀錄、抽象與具體之間不斷苦惱那樣，在人生目標與紀錄之間認眞思考。如此一來，紀錄將成爲一大利器，爲各位指引理想人生的方向，有策略地活出自己的人生。我在人生中領悟到的唯一法則就是，**紀錄是連結人生價値與實踐的最佳工具**。是以，我眞心希望各位能像我一樣，在生活中好好記錄。

二〇二三年三月
驪州　三餘齋
金翼漢

目次 CONTENTS

CH 02 自由：倘若你想突破極限，就記錄欲望吧！

第二部

巨人的摘要法與分類法

CH 03

專注：倘若你正面臨抉擇，就整理出重點吧！

第一部

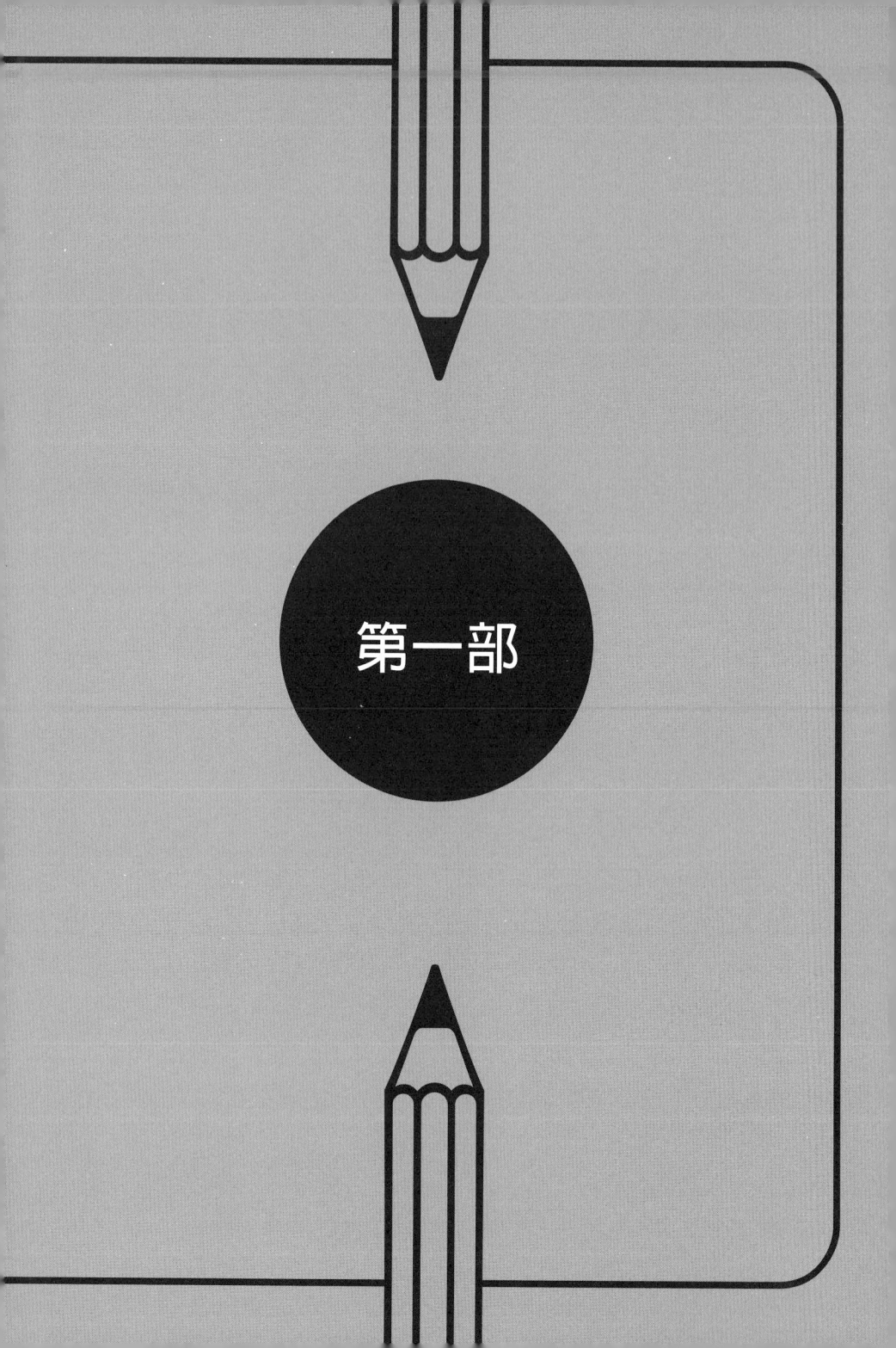

記錄的人

CHAPTER 01

成長

倘若你想持續成長，
就記錄生活吧！

01 成爲記錄型人類

二〇〇〇年代的初期，我還不曉得如何介紹自己的工作。這是因爲，當我說自己是紀錄學教授時，對方一定會拋出問號。

「紀錄學？那是在教什麼的呢？」

假如我說紀錄學是專門研究如何蒐集有用的紀錄，好好加以管理，藉以服務人群的科系，大部分的人臉上都會寫滿問號。然而，他們也不會繼續追問下去。

研究了大半輩子的學問無法觸及大眾，往往令我難過。不過，越是如此，我對推廣紀錄學的熱情越是強烈。我下定決心，哪怕眼下只有一個人從我的課堂中體會到紀錄的重要性，並願意實踐它，我也要天天推廣普及。

不知是否得益於此，最近我告訴別人我在大學講授紀錄學時，常有人驚嘆我的工作很酷。從前，大眾認爲紀錄不過是簡單的筆記；如今，已有不少人願意深入探究。

舉例來說，我們周遭有許多以紀錄爲題的書籍，以及介紹如何筆記的影片。

我花了二十五年的時間努力推廣紀錄學，看到這副景象，實在感激不盡。

比較可惜的是，很多人只把紀錄當成筆記，無法從中提煉出更高水準的知識。**若想讓筆記成爲自己的東西，非得讓它進化成紀錄才行。**

仔細研究其他書籍或影片介紹的記錄方法後，我發現多數人用錯了方法。他們漏掉最重要的關鍵，也就是把筆記進化成紀錄。光是留下筆記是不夠的。我們應該好好統整筆記內容，讓它成爲紀錄，才是取得豐富人生的工具。

說到這裡，通常會有人問：

「筆記和紀錄差異很大嗎？」

沒錯，筆記和紀錄很不一樣。簡單來說，**筆記是紀錄的根源。基於時間不夠、談話對象說話速度太快等原因，倉促記下來的東西叫作「筆記」。把這些東西拼湊在一起，加以統整的則叫作「紀錄」**。換言之，紀錄可說是妥善整理我們日常筆記的行爲。

「紀錄學」則是從學術的角度切入，經由書寫、分類、敘述，有效運用紀錄的一門學問。若是稍微了解紀錄學的理論與體制，就能輕鬆學會寫筆記的方法，懂得如何把筆記進化成紀錄。

大家應該對「檔案」這個單字不陌生。檔案是一種場所或紀錄，它將相關資料數位化，集中管理，每當有必要時，便能輕而易舉找到需要的資訊。因此，檔案堪稱是聚集紀錄的知識寶庫。

我們為什麼該記錄？

我是記錄型人類。記錄是我人生的一部分，我時常記錄周遭的種種，做這件事對我來說有如飲食。記錄型人類會把散落在身邊的無數知識與智慧放在心裡。

簡而言之，成爲記錄型人類會變得特別聰明。因此，我成了一名紀錄推廣者，不時建議身邊的人成爲記錄型人類，告訴大家記錄的理由與必要性：「請記錄吧。你的人生將會變得不一樣。」

絕大多數的人都希望活得更智慧，擁有更高水準的知識。想實現這兩件事，記錄絕對是最簡單的工具。學會記錄、活用紀錄，肯定能更接近你的目標。

記錄之於各種成就都是不可或缺，無論是提高學習成效，還是規畫未來、讓人生變得積極進取。記錄的優點多得說不完，就先拿最普遍的兩個優點來說明。

1. 記錄讓人持續成長。

從出生到死去的那一刻，人類都在成長。這裡說的成長是持續累積知識與智慧，同時不停拓展自己。停止成長的人不會有未來，所以我們總是在不知不覺中渴望著成長。

人類成長的方法大致可分爲兩種，其一是**從外界獲得成長**，其一是**從內在得到發展**。同時利用這兩種方法，就能產生加乘效果，達到眞正的突破。

記錄的型態也差不多，同樣是透過兩種方法進化而來。第一種型態是**蒐集外來的無數知識與非知識資訊，然後挑出重點，留存重要的資訊當作紀錄**。第二種型態則是**藉由記錄，展現內在深處的潛力**。換句話說，就是透過閱讀、看影片、對話等行爲，累積內在的知識，再以記錄的型態呈現出來。這兩種記錄型態像齒輪一樣相互齧合時，就會提升效果，使你活得充滿智慧。

2. 記錄讓人得以主導人生。

成爲人生的主人，無異於獲得自由的人生。初聞這句話，頃刻間可能很難理解。誠如前述，紀錄是統整留下來的東西。把自由四散的東西聚集起來，賦予秩序的行爲，難道不會和自由差太多嗎？從結論來看的話，絕對不會。我推薦各位的記錄方法，將帶領你們邁向自由人生，我也是因爲這樣才開始記錄。

試想你正站在一個凌亂不堪的房間。此時，你急需確認一本書的內容，卻怎樣都找不到那本書。書桌放滿了書，床上雜物堆積如山，你得從一團混亂中慢慢尋找才行。假如房間整理妥當，根本不需要浪費珍貴的時間找它。但現在，你甚至有可能找不到。

讓我來問問各位，哪一種情況比較自由呢？秩序之所以能讓我們獲得眞正的自由，原因就在於可以減少無謂的瑣事，讓你自行打造人生，做自己想做的事情。身處混亂之中的人，絕對無法獲得自由。

記錄等同於整理好凌亂不堪的房間，打造隨時都能自由活動的專屬空間。若是能將腦海中的房間整理乾淨，把想法好好收集起來，方便有需要時隨時取用，想必會過得更自由吧。因此，我總是對人說：**「想活得自由，就記錄吧。」**

奉勸各位一定要成爲記錄型人類（接下來我仍會一直提到這點），以利每天持續成長，獲得自由的人生。成爲記錄型人類其實不簡單，你必須再三體驗紀錄的各種功效，包含前述的成長與自由，而且至少維持半年以上。

知道方法卻不實踐，什麼都不會改變。最愚蠢的期待，莫過於以爲自己領悟了就會改變。現在的你，充其量只能算是站在起跑線上。成就，是身體記憶與實現勇氣的產物。養成習慣、持續實踐，從過程中獲得一點快樂，才能走上成功的道路。別再錯過找上門的機會，讓自己獲得成長與自由吧。

02 你依然有成長的機會

有中年男性吐露了自己的煩惱：

「爲了自我開發，我花了十五年閱讀書籍，也時常去聽演講，但一點都沒有成長。」

演講授課、經營 YouTube 頻道多年，我依然對於渴望擁有更多知識的人，遠大於預期的事實感到訝異。即使不是大考在即的考生，必須讀書的學生、準備晉升的上班族，人們仍舊不斷追求成長。無論是誰都想成爲有知識的人，擁有看透世界的洞察力。人類的平均壽命漸長，世界卻變得太快。若想適應一切、生存下去，非得不斷學習新事物，讓自己有所成長。於是，大家都覺得自己應該做點什麼，比如閱讀、參加別人覺得不錯的講座。

不過，儘管如此努力磨練自己，仍有很多人感受不到自己想要的成長。明明剛看完書，隔天或幾個小時後就忘記自己看了什麼，再度翻回第一頁。明明演講內容都聽得懂，也全記在腦海裡了，想和別人分享時，卻什麼都想不起來。因爲一無所獲而對自己失望，困在停止學習、重新再來的迴圈。

一般來說，這時都會出現「是不是我頭腦不好」或「問題出在我身上」的想法。成長的欲望反倒招來自責。然而，成長的欲望本是人生的原動力，也是一種關心自己的美好態度。就算得不斷經歷失敗和嘗試，我們也不能放棄這種原動力。你不過是還沒找到方法而已。

小變化就能改變人生

有道是人不會輕易改變，我卻不認同這個說法。大幅改變性格或人生方向的確不容易，但做點小變化絕對行得通。將改變與成長一點一滴累積下來，便能徹底改變你的人生。捨棄「事到如今做這個幹麼，像以前那樣生活就好」的想法，對改變寄予肯定吧。任誰都能改變，隨時都能成長。

人們之所以否定改變，是因爲他們眼中只看得見巨大的變化，並且只想獲得結果。然而，假如不先做點努力，培養一些習慣、常規、意識，絕對不會有太大的變化。

以我爲例，我本來是很內向的人，不過爲了適應社會，持續努力讓自己變得外向。期間，我無意中養成不良習慣，三不五時就對人施壓或出言不遜。某次機緣下，才發現自己的語氣會造成別人不愉快，偶爾還會傷害到人。

從此以後，我開始致力於改變自己的習慣，不僅在開口前愼重思考，更盡量使用疑問句。與人交談時，採取尊重、溫和的態度對話；講課或報告時，則事先寫好講稿，多次檢查內容。經過六、七年的持續努力，我完全成爲另一個人了。儘管現在還不能說很完美，但我認爲已經改變了很多，人際關係也正往好的方向發展。

六、七年太長了嗎？至少好過六、七年後依然毫無長進吧。放眼人生，六、七年的時間並不算太長。我很驕傲自己一直努力到現在，成爲一個每年進步一點點的人。

千萬不要停止成長

假設今天你遇到了一個十年沒見的老朋友，他對你說：

「你一點都沒變耶。」

如果他說的是外表，也就是你看起來沒有變老，抑或依然令人覺得值得信賴、可靠，是再好不過。然而，這句話也可能帶有截然不同的意味。他或許是感到惋惜，認爲你這個二十幾歲認識的朋友，在三十幾歲重逢時，竟然還懷有二十幾歲時的幼稚煩惱，或是一如既往的不成熟。想必大家都希望自己能隨著年齡漸長，成爲更好的大人。應該沒有人不想一年活得比一年更好吧。

縱然有了年紀，也不要停止成長。說自己上了年紀，讀書會讓視力變差、記憶力和理解能力已經退化、太忙沒空學習新事物，這全都是藉口。

學習不論時機。在人生智慧成熟時多學習，反而能使成長幅度取得前所未有的發展。這是一個填滿知識與智慧的大好機會，同時再套用另一個利器——這本書探討的紀錄，你將獲得滿滿的知識與智慧。

03 建立自己專屬的成長機制

如果問人想不想成功，大部分的答案應該都是肯定的。不過，我希望各位能對這個問題說不。為什麼這麼說呢？因為我期盼聽到的答案是：

「不。相較於成功，我更想『成長』。」

為了獲取成功，認真往目標邁進肯定有意義，但成功實在過於抽象。假如你現在問怎樣的人算是成功者，得到的答案保證五花八門。

舉例來說，「成為擅長英文的人」就是很抽象的目標，畢竟「擅長」沒有明確的標準。儘管如此，依然有很多人盲目追求成功，即使他們不曾為成功付出任何努力。

我並不是否定渴望成功的心態，只是應該把它留在潛意識裡，將想法與意識專注於每天的成長。每天成長一點點，潛意識自然會帶領你邁向成功。

擬定成長計畫，瘋狂堅持到底

想成長，至少要達到兩個條件。一個是「**有計畫**」，另一個是「**瘋狂地堅持**」。換句話說，你必須兼備擬定計畫和堅持到底的能力，只有計畫或只會堅持是行不通的。

先來談談計畫。一般人對計畫的認知，都是決定從現在起該做什麼。然而，我所說的計畫，是從回顧自己做起，即培養「後設認知」。我們得先了解自己，才能設定目標，擬定相關計畫。請試著記錄以下三件事，以利了解自己。

1. 目標是什麼？

寫出你想做的事、想實現的事、想要的東西……就算不是什麼偉大的人生目標也行。

2. 過怎樣的生活？

如果了解現在的生活模式，就不難得知未來的生活模式。生活包含了工作、休憩等，你都是如何度過那些時間的呢？

3. 有什麼習慣？

習慣代表了一個人。有些人的習慣要不是和目標完全不相干，就是會妨礙自己完成目標，但他們卻毫無自覺。試著回想一下每天習慣做的事情。

當你寫出上述的三件事，是否發現生活與目標相悖呢？目標是得到公司的肯定，卻沒有爲工作付出任何努力；想多和家人相處，卻老是把時間花在自己的嗜好等，過著不符理想的生活。了解問題出在哪裡，方能思考未來，擬定相關計畫。因此，計畫的第一步便是拉開距離、認清自己的現況。

不是把時間表塞得滿滿就等於有計畫。計畫的重點是記下自己眞心想做的事，分配時間去完成它。倘若一天實踐一個好習慣，我們就能每天成長一點。

瘋狂的堅持又該如何做到？一邊改善問題，一邊調整生活習慣，使它與目標走向一致就行了。一旦改變生活習慣，自然就能堅持下去。我習慣在早上醒來的時候立刻喝一杯水，並且在日誌記錄起床的時間。這是我經過幾個月的反覆練習，總算建立起的個人例行公事。

有了環境和習慣，才能堅持到底。你必須不斷做同一件事，直到身體在不知不覺中做出這個舉動爲止。

刻意練習吧

當然，並非每個人都能憑藉一味的堅持達成理想中的成長。比方說，眼前有兩位籃球選手在練習投籃。其中一位不停投球，一心只想投出最高球數。另一位則在投球時，將注意力放在手臂的伸展動作，反覆確認姿勢。此外，教練也在一旁提供意見，指點他投球的距離和方向是否恰當。假如兩人原本實力相當，練習時間也一樣的話，誰會進步得比較快呢？肯定是後者。

這就是所謂的「刻意練習」——有意識地行動，吸取別人的意見，改進自己，而不是盲目重複同樣的動作。你應該把一件事分成好幾個部分，從中找出自己的弱點，設法補強改善。

同理可證，一味坐在書桌前，成績就會變好嗎？誰都不能保證，堅持不懈就能做好一件事，到頭來說不定還會養成錯誤的習慣。

當你意識到自己如何行動時，就會開始出現改變，這也是多數運動選手書寫練習日誌的原因。他們記下今天的練習情況，回顧自己；假如遇到難關，就寫下心情，想辦法克服。即使我們不是運動選手，也可以把這個方法套用在工作或生活上，藉由記錄生活，回顧自己做了什麼，嘗試新挑戰，不再得過且過、隨波逐流。

建立成長機制，然後實踐

成長不是維持一兩天，或者一星期、一年後，就撒手不做的事。人生需要不斷地成長，如果每次都竭盡全力，肯定一下子就累垮了。於是，我為自己建立了專屬的「成長機制三步驟」，讓自己活在自然形成的良性循環之中。

有了成長機制，便能在成長的良性循環中獲得成就感與喜悅。此刻，我想問各位一個問題，你對成長有多堅持？如果你從未經歷過成長，或者連第一步都不敢踏出去，老是感到茫然的話，試著按照下列的步驟履行記錄。

①記錄②再記錄③持續記錄。第一個步驟是一邊記錄，一邊認識自己。第二個步驟是再記錄；這個步驟不僅是再次記錄，還得用自己的方式整理紀錄，提升記錄的品質。假如你記錄了今天的工作內容，請試著加上你對這項工作的感想。隔天則可以把工作上的苦惱也記下來。

最後一個步驟是持續記錄，也就是把這一連串的動作培養成習慣。誠如前述，習慣可以建立人生的系統。為使生活過得一天比一天好，千萬要建立自己專屬的系統。

與其做到每件事，不如先從做得到的小事著手。培養小習慣將替人生帶來巨大的改變。長期累積下來，專屬你的成長機制和系統便會成形。

成長機制三步驟

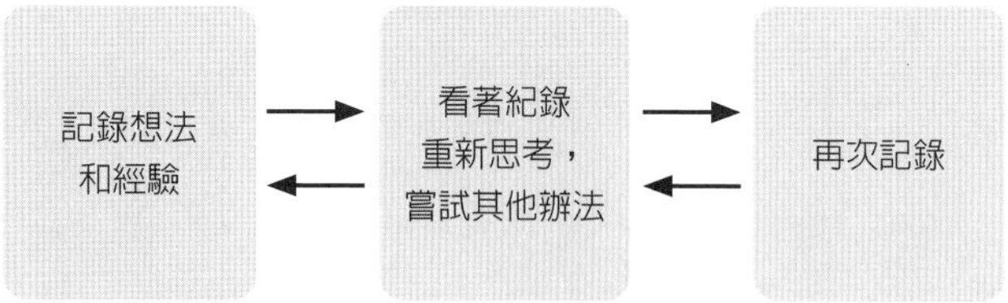

04 抓住消散的知識

這是四十年前的事了。退伍後，我決定重回校園。復學前三個月，我每天花十八個小時讀書，努力想追上落後的進度。各位想想，一天花十八個小時讀書，有可能一無所獲嗎？第一個星期可說收穫良多，我讀完了十五篇左右的論文，也看完了兩本書。

但問題是，以這種方式學到的東西無法長久。幾天後，我逐漸淡忘看過的內容，最終忘得一乾二淨。儘管我不斷把知識填進腦海，它們還是像竹籃裡的水一樣嘩嘩流乾。

那時我才意識到，即使動作會變得比較慢，還是要充分利用時間，好好把東西記起來。於是，我開始記錄。閱讀論文或書籍時，我都會標記重點，在空白處寫上關鍵字。每次結束一個章節，便把記在腦海中的重點寫在便條紙上。讀完一整本書後，再把事先記下來的東西謄到筆記本，並且加上自己的想法。若有必要，也會調整重點順序。

起初，這麼做不是爲了提升學習效率，單純是覺得都這麼努力讀書了，卻一下就忘光光實在太可惜，才會出於本能開始記錄，想把知識保留在腦海裡。這麼做雖然比以前耗時許多，但眞的學得到東西。

令人訝異的不只這點。過了三到四天後，記錄時間明顯縮短。再過一陣子，連讀書的時間都變短了。我並未改變讀書的方式，只是善用紀錄來打通脈絡，書自然讀得比較快。

就算不讀書或上課，我們照樣可以從生活經驗獲得各種收穫。世界上滿是知識、資訊與靈感，但我們往往與之擦肩而過，或者沒有好好抓緊它們。

這絕不是因爲你頭腦不好，而是因爲大腦容量有限。大腦無法記住所有的資訊，所以將記憶分爲兩種：很快就忘了的短期記憶，和長久保存的長期記憶。

重要的是，**紀錄可以幫我們把吸收的知識分類到長期記憶中**，緊緊抓住那些錯過或放開的東西。爲了記下學過的內容，我們得保持高度專注。做到①**專注閱讀②仔細思考後記錄下來③多次回顧紀錄**，讓大腦認知到這個知識必須放在長期記憶。

我們每天接觸到的龐大知識最終幾乎全都消散而去，不覺得可惜嗎？比起可惜，你應該感到警惕，畢竟我們每天都在錯過成長的機會。如果想攝取豐富的知識，就不能只是囫圇吞棗。唯有好好消化這些知識，它才會成為你的血肉。

記錄型人類的記憶方法：記錄，然後複誦出來

有些人說：「我很認真做筆記，但還是記不住。」無論多認真筆記、仔細畫下重點，依舊記不住學習內容，多半是因為錯誤的筆記習慣。

我想問各位，你為什麼做筆記？大部分的人應該都是為了記住某件事才這麼做。可是務必留意，**一旦你產生了「先筆記下來，之後再看」的想法，這個筆記將會在無意間被你推到記憶的角落**。

要是很難理解的話，再問各位另一個問題。你記得幾組電話號碼？除了自己的電話號碼以外，還記得誰的？很多人甚至沒想過要背下電話號碼。智慧型手機尚未普及的年代，我們記得的電話號碼非常多。然而，現在可以把號碼全都存在手機裡，默背顯得沒有必要。將記憶託付給筆記，也是同樣的道理。

想不起來某件事就直接查看筆記的做法，不外乎是紀錄的次要功能。假如你

下意識依賴這點，不再自主記憶，記性就會越來越差。列舉幾項對記憶造成不良影響的錯誤筆記習慣如下。

第一，爲了不記某件事所做的筆記。

第二，不經思考的筆記。

第三，未重複利用的筆記。

就像前面說的，爲了不記某件事所做的筆記，無法在腦海中占有一席之地。而不經思考的筆記，難以消化成自己的東西，與複製貼上並無二致，根本不會留下印象（在後續的章節，我將會告訴各位如何把筆記消化成自己的東西）。最後一種則是不再查看的筆記，寫過就丟的不能算是紀錄。假使紀錄的出發點是整理資訊，將其內化成自己的東西，終點就是要隨時回顧它。簡而言之，就是要重新拿出來確認。

這樣說來，究竟該如何筆記才能記住一件事呢？我的建議是：**記錄，然後複誦出來**。不妨就稱其爲記錄型人類的記憶方法吧。

記憶，越淬鍊越恆久。倘若解讀一件事是記憶的開端，寫筆記就是記憶的第一次淬鍊，回顧筆記是記憶的第二次淬鍊。第三次，也就是最後一次淬鍊，則是用言語和文字重新表述。完成三次淬鍊後，我們就會牢牢記住這件事。

「記錄，然後複誦出來」，是記住一件事的最佳方法。無論是讀書、工作、日常生活都無所謂，只要透過紀錄盡量保留記憶，未來不管做什麼，都有機會發揮驚人的實力。

05 思考會以螺旋式成長

閱讀是促進成長的最上策。想有效成長，沒有比書本知識內化更好的方法。然而，很多人說自己看完書後，沒幾天就會忘光內容。我想請教這麼說的人，你閱讀的時候是否有在「思考」呢？

倘若只是被動地讀書、閱讀、聽講，稱不上眞正的學習或閱讀。**想實現成長，一定要經歷思考這個環節**。你可以在閱讀到一半時，思考自己迄今看了什麼內容；抑或在聽講期間，思考講者說的話有什麼意義。不然，學習根本毫無效用可言。

我把這樣的思考稱爲**「瞬間思考」**。學無止境，我們在日常生活中，隨時都會看到什麼、聽到什麼、讀到什麼，問題是我們不能全盤吸收。**想讓經驗成爲自己的一部分，就該瞬間思考**。比方說，當你書讀到一半時，忽然想到某件事，就要筆記下來。

盼各位閱讀這本書時，可以試著完成三件事。**第一，看一、兩頁後，抬頭想**

想現在探討的是什麼。第二，看完一個章節後，寫下關鍵字。第三，看完整本書後，整理出二至三頁A4篇幅的摘要。

當你複誦出最終統整的內容後，這本書就完全屬於你了。假使你能在不看摘要的情況下，完整解釋這本書的內容，說是懂得記錄訣竅的人也無不可。

這三點其實隱含著紀錄的基本原理。紀錄學最重視的原則有**留意來源**、**尊重原始秩序**、**使用目的**等。留意來源指的是做好管理，不參雜來源不同的紀錄。尊重原始秩序是整理紀錄時，須維持紀錄的原始架構等。最後一個使用目的，是記錄需要有目的。

過去的經驗或首次學到的知識，終究會匯聚到我們腦海中。因此，紀錄的來源就是想法。不在閱讀過程中抬起頭來整理想法的人，無法留下什麼好紀錄。看完一個章節後，留下重點摘要，就是將自己獨有的秩序加諸於習得的知識上——此秩序即爲腦中知識的原始秩序。讀完書後，重新統整內容，然後複誦出來，這一連串的動作都是爲了閱讀和記錄，也就是實現使用目的。

只留下內化的東西

內化的字典釋義是「接受某種知識或意見，使其成爲自己的東西」。試著想像一下，你正在看一部有趣的YouTube影片，被內容逗得呵呵大笑。如果這個瞬間，你開始思考在怎樣的狀況下，才會使用這麼搞笑的表情和單字，便是在內化這個YouTube影片。因爲你接受了影片的內容，以自己的方式解讀它。

我們藉由瞬間思考進行內化。此時，我們會將所見所聞轉換成鮮明的意象，記在腦海中。你是否曾在看到某樣東西時，突然出現「啊，原來如此」的念頭呢？自行意識到一件事時，你對它的印象就會特別深刻。

此外，內化亦有篩選功能，也就是選出對自己來說相對重要的東西。經歷某件事有如面對一連串的畫面。我們不可能認爲每個畫面都很重要，也無法一一記住。如果將這件事內化，我們就能篩選、整理出自己覺得重要的畫面了。

內化的過程也能讓我們更熟悉陌生的東西。舉例來說，閱讀書籍形同在刺激我們的感官，原因在於其中有陌生的單字、故事、場景等。想一字不差地記住陌生的單字和文句，肯定很辛苦。然而，內化可以將陌生的感覺轉化成熟悉的感覺，協助我們記住陌生的東西。使用自己熟悉的單字或邏輯去接受一件事，你就能更有效地把它記下來。

累積瞬間思考所帶來的想法

我其實不是特別喜歡或認眞讀書的人。之所以可以把書讀好，成爲教授，全得益於瞬間思考和內化。習於瞬間思考，並且留下紀錄的話，這些東西就能在必要的時候派上用場，使學習更有效率、有效果。

打個比方，我聽到任何問題都能即時回答，這是因爲我可以立刻把先前記錄的東西從腦海中拿出來使用。我不是萬事通或天才，可以做到這樣都是多虧了瞬間思考累積的想法。

當你擁有很多想法時，將產生「質量轉化」。數量越多，品質越有機會改變。換句話說，它們將爲你帶來更多新點子和靈感。這種能力並非與生俱來，得透過反覆的練習和習慣才能學會。

假設你一整天都認眞進行瞬間思考，到了晚上，不妨坐在書桌前或床邊回想一下，今天有多少想法留在自己的腦海中。如果每天都這麼做，肯定會有驚人的發現。假如第一天只留下一〇%的想法，第二天就會變成二〇%，接下來則會是三〇%。此外，你將更懂得如何活用經由瞬間思考累積下來的想法。

老實說，我提到的瞬間思考和內化並不是什麼新鮮的技術，也沒有多厲害。即使你不曾發覺，我們也早在不經意間將其運用在生活當中。每當有所見聞的時候，我們就會開始思考，以自己的方式進行解讀。之所以特別強調，只是想提醒大家不要輕易錯過。

活用紀錄，刻意使自己瞬間思考和內化吧。儘管看似微不足道，這些瞬間思考所帶來的想法，能讓你得到超乎預期的變化與成長。

各位一定要養成隨時思考的習慣。內化、記錄某件事後，也要時常在必要時刻拿出來用。**思考**、**內化**、**記錄**，這三者將爲彼此帶來正向影響，實現螺旋式的成長。

06 活用內在資產

前一章節探討了紀錄的兩種功能，一是能有效內化原本不屬於自己的東西，二是能多次活用。仔細想想，紀錄和記憶的原理，基本上就是不斷內化外界事物，再把它拿出來應用。我們時常誤會紀錄只有一種，也就是消化外界事物後得來的紀錄，對它無比重視。不過，其實保存在自己身上的紀錄也舉足輕重。藉由讀書、聽講，吸收知識固然重要，但要是忽略了「內在資產」，成長幅度頂多也只有一半。

內在資產指的是什麼呢？所謂的內在資產包含以下五點。

①**理解力**：接受、解讀知識或經驗，然後內化的能力。
②**思考能力**：使想法往不同層面深遠發展的能力。
③**解決問題的能力**：掌握眼前的問題根因，設法解決的能力。
④**執行力**：積極實踐自身理想的能力。

⑤ **社交能力**：維繫良好人際關係的能力。

成長不僅限於累積無數知識。一個有智慧的人不只要博學多聞，還得具備其他能力，比如善於統整知識、從中得出新想法、發揮洞察力等。因此，追求成長時，得同時培養內在資產的各種能力才行。

有些人擁有許多關乎內在資產的能力，有些人則稍有不足或明顯欠缺。不過，如果你清楚自己有什麼缺點，絕對可以找到彌補的辦法。現代哲學家最常強調的就是「可能性」，千萬別因爲自己有缺陷，就輕言放棄。只要努力彌補缺陷，就有機會激發新的成長可能。不管現在的你是什麼樣子，過去所累積的內在資產，已經足以讓你嘗試新事物。我們現有的缺陷，是爲了新的可能而存在。

有人說：「我高中的時候就和書本絕交，只知道打工。」

他們因爲在校期間沒有好好讀書，斷定自身沒有內在資產。等到想進修時，基於本身沒有努力學習的經驗，覺得之後應該學不到東西，所以提前放棄。可是，我們上學的時候，即使沒有用功讀書，不也看得懂課本寫的，聽得懂別人說的話嗎？簡單來說，大家其實都有機會獲得知識成長。

不讀書的時候，都做了什麼？如果是打工的話，也應該透過這個經驗習得了各項能力，像是應對客人的能力，或者製作、傳達某樣東西的技術等，都是內在資產。如果是準備就業，卻失敗了呢？即使如此，準備期間總會獲得一些知識或經驗，也都是內在資產。

拿出內在的潛力

各位的內在都有些什麼呢？或許有人會說自己什麼都沒有，但那不過是錯覺。**這個世界上，沒有毫無內在的人**。絕大多數的人認爲，自己看過、聽過、經歷過的一切，過一陣子就會消失不見。其實不然，我們體內的所有細胞都會留下相關記憶，而且綜合各種經驗，不單單是聲音、畫面、文字等片面印象。

我們閱讀的時候，記住的不只有文字，還有翻書的聲音、書本的味道、當時的氣氛等整體印象。**你所經歷的一切都會留在腦海中或身上，成爲內在資產，亦即一般常說的「潛力」**。

包含潛力在內，我們如果擁有一百個資產，實際認知的將不到二十個。潛力可以成爲知識的源泉。倘若拿出潛力好好活用，把現有的一百個資產全部化作知識的話，人生想必會充滿智慧。

既然如此，該怎麼做才能拿出潛力呢？不少人誤會紀錄的價值是長期記住從外界獲得的資訊，但其實**拿出內在潛力，才是紀錄成爲人生最強利器的時候**。

盼各位不要讓自己龐大的資產——潛力，繼續沉睡。傾聽自己內在的聲音吧。在不斷思考、記錄的外顯化過程中，你將聽見它的聲音。

存在我們身上的東西多半是液體狀態，選出其中的一部分，把它們變成固態，正是紀錄的任務。透過紀錄的幫忙，那些不固定、流動的東西將會成形。像水一樣流動的想法、印象、過往、記憶、情感等，內隱在我們身上的全都會變得清楚明白，令潛力變成實力。

不筆記的人就是不喚醒潛力的人。從內在的無數事物中找出「應該是關鍵」的想法，然後記下來，藉此創造專屬的能力，將是決定人生方向的一大利器。

最重要的是，紀錄的形式不只有文字而已。無論是言語、圖畫、音樂，任何能表現內在的都算是紀錄。視情況與需要，篩選出自己具備的能力與潛力，將其轉換成言語、圖畫、文章等明確的固態，就是從內在取出紀錄的核心。

灰暗的孩提時期、懶散又幼稚的青少年時期、失敗的過去，以及曖昧不明的現在，不管你至今爲止是怎麼度過的，這些人生歷程都已經在身心累積了一筆龐大的資產。是時候喚醒內在的潛力了，具體的動機或目標將會一一塡滿你空虛的內心與腦海。

★培養思考能力的三個練習步驟

不習慣整理想法的人，通常連自己在想什麼都不知道。想法牽涉的範圍何其廣泛，但我最強調的還是**「把一件事思考到底的力量」**。

不帶雜念，把一件事從頭到尾想一遍的人並不多。若是無法長遠思考，不管你想什麼，中間都會被其他想法打斷，失去自己的思路。

日本腦科學專家茂木健一郎，在《會思考的人不記憶》（暫譯）解釋了長期記憶和短期記憶。長期記憶保存於顳葉聯合區，短期記憶則在前額葉發揮作用。無論你在顳葉聯合區儲存了多少長期記憶，假如不訓練自己將之帶到前額葉、應用於現實的話，很難恰如其分地活用這項寶物。

不中斷思考是很困難的事。原因在於，把長期記憶從顳葉聯合區帶到前額葉，然後結合自身的短期記憶，組織想法的過程，需要很強大的毅力。

預知未來三步棋的棋士，或者具備高層次思考能力、寫出流暢文章的人，他們為何能想得這麼遠？答案就在於持續思考的訓練。

反覆訓練自己，你便能以拓展或組織特定具體事物的方式思考，在面臨人生重大決定時，做出有意義的選擇。作為思考訓練的第一步，接下來我要說明的是如何培養思考能力，使這件事成為日常習慣的練習方法。

第一步：一再重複

我在閱讀時，總是讀了兩頁左右就抬起頭來，思考重點在哪裡。假如你一直盯著書本，絕對不會思考，故閱讀期間一定要不時讓自己回想一下讀過的內容，再接著看下去。「一再重複」，正是練習在生活中思考的一種方法。

管理學當中有個著名的技巧，也可以應用於自我開發，那就是「Plan Do See」原則。此原則的概念是計畫、實行、評價結果，同樣適用於紀錄。棋士在棋局結束後，無論輸贏都會覆盤，重新檢視每一步棋——這是極具代表性的一種重複。運動選手亦不例外，每次賽後都會重新觀看比賽錄影，以分析問題點和找出改善對策。

思考訓練當中，重複可說是很重要的準備工作。重複做某件事時，存在大腦顳葉聯合區中的長期記憶，也就是我們既有的知識，往往會因此出現。一再經歷這樣的經驗，便能培養出深遠、一致的思考能力。

第二步：延續思考

思路的流動往往發生得很自然。它有時浮現在腦海中，有時又直接流過，無關意志。這雖然不是壞事，但我們需要做重大決策時，勢必得集中思緒，明訂目標與主題，然後仔細思考。此時，「延續思考」至關重要。

延續思考的方法有兩種。第一種是**分類思考**，也就是分出大致主題，個別進行具體的思考；第二種則是**按照執行順序思考**，也就是釐清順序，想好第一件事該做什麼、第二件事該做什麼……以此類推。

假設你現在是大學生，試著思考這學期該如何度過吧。首先，你可以先分類，把這學期要做的事分成日常、學習、休閒等三大層面，再個別找出著重點，比如運動是日常生活、讀書是培養程式設計能力、休閒是電影欣賞。最後，請想想看你還能做些什麼？以這種方式找出具體的答案。

接著是執行順序。此時，你可以按照時序去思考，比如三月做什麼、四月做什麼、五月做什麼、六月做什麼等。

如果朝這兩個方向延續思考，便可以把這學期該做什麼，從頭到尾好好想一遍。留下以此為本的紀錄後，這學期就有了具體的計畫。我們偶爾會把片面的想法誤以為計畫，但沒經過整理的想法根本算不上計畫。

無論你正要搭公車到某個地方，抑或坐在家裡的書桌前面，都要多練習延續思考。當你連結每個片面想法，讓它們變得完整的瞬間，這些想法就會成為計畫。

第三步：寫成文字

第三步是寫出想法，讓它成形。延續前面的假設，如果你已經想好這學期該做什麼，就要寫下它們。除了這學期的核心目標以外，還可以多列出幾個具體目標，統整出該為這些目標做哪些努力。最後，按照時序（三月、四月、五月、六月等），把所有的想法全都寫下來。這就是系統化和排序。

倘若你想更進一步思考，不妨像觀賞電影一樣，看著筆記內容寫出你對這學期的想像。當我們畫出未來的藍圖時，大部分都會變成現實。因為「想像」總是會讓人更開心、更用心地去做一件事。

希望各位能透過這三個練習步驟，好好培養思考能力。思考主題是新年計畫，或社會現象解析都無所謂。試著一星期練習三次。花一至兩天重複思考同一件事，收集自己所有的想法，最後再用文字記下來。一星期三次就好。就算只做一個月，你也會發現生活有了轉變。

CHAPTER 02

自由

倘若你想突破極限，
就記錄欲望吧！

07 你的生活之所以空虛

有位主婦送小孩上學、老公上班後，早晨已經過了大半。廚房亂七八糟，還有堆積成山的家事等著她做。她開始洗碗，卻不慎打破了一個小碟子。她的眼淚突然奪眶而出，但她不懂自己爲什麼流淚，似乎是滿腹的怒火，又似乎是悲傷湧上心頭。

她之所以會有這種念頭，是因爲價值感喪失的緣故。特別是至今仍有很多人不把育兒等家事視爲勞動，所以儘管她做的事情很有意義，也感受不到自我價值。時間久了，她連人生的意義都開始懷疑。

這樣的狀況不只出現在這位主婦身上。我們在日常生活中要做的事就像家事一樣多得數不清，做著做著，一天就過去了。在職場，就算只做些瑣碎的雜事、不是什麼了不起的要緊事，一天也總是過得很快。千篇一律的生活逐漸令人感到不安，懷疑人生的意義，害怕自己的人生就這樣結束。這些不安有時也會讓人陷入負面情緒，進而怪罪自己。

你奮鬥了一整天，卻不知道自己爲什麼奮鬥嗎？明明認眞過每一天，生活卻似乎不見起色？這種時候，得先整頓日常，區分人生中的重要大事與相對不重要的事，建立自己的日常系統。

需要系統的不只有公司或組織。藉由系統整頓日常後，你的生活將變得無比自在。下列是我使用的三種日常整頓方法。

1. 區分空間。

本來想看書，卻一直看到還沒洗的碗和衣服。爲了處理這些事，最想做的閱讀只能排在最後順位。因此，我推薦各位做空間規畫。假如空間太小，可以用桌子來區隔。比方說，書桌是讀書的地方，餐桌則是做其他事情的地方。你也可以在起居室放張小桌子，把它當作核心空間，在那裡做想做的事，比如寫作或看電影等。

2. 區分專注時間和休息時間。

我們偶爾會在書讀到一半的時候失去專注。遇到這種情況，立刻起身去洗碗吧。如果還有些時間，不妨也洗個衣服。我平常都把焦點放在自己重視的事情上，家事或雜事則利用零碎的時間做。我把這種方式稱爲「突然的習慣」。

人的專注時間大概是四十分鐘左右。從事翻譯工作數十年的金明嵐（音譯）作家，開發了KMN工作法則，建議大家每工作四十分鐘，休息二十分鐘①。讀者可根據個人情況，調整工作與休息的時長。就我個人而言，我實踐的方式是每讀書四十五分鐘，休息十五分鐘。無論休息時間長短，都可以用來做些家事。

不過，不少人因爲家事的緣故，耽誤了原本的計畫。這時，你得夠果斷才行。假如你正在洗碗，還來不及沖水，休息時間就結束了。這時，一定要停下手邊的事，重新投入工作。

或許有人會質疑，家事怎麼能當成休息？在休息時做與專注時間的工作全然無關的事，不僅能讓大腦休息，還能整頓思緒。

3. 持續思考人生的重心。

不管你在做什麼，絕對不要停止思考人生的重心。如此一來，縱然目前做的是其他事，之後還是可以輕鬆找回重心，也能大幅減少對雜事的負面觀感。

我今天早上除了講課以外，還要寫兩頁文章。光是這兩件事就夠忙了，我仍然騰出時間做垃圾分類、煮中餐、洗碗，以及確認工作相關的郵件。

儘管看起來是忙碌的早晨，對我來說卻是整頓良好的日常。再者，在零碎時間做些家事，不僅可以讓大腦喘口氣，對自己和家人也很有益。當一件事有了意義，無論做什麼，都能樂在其中。此後，就不會再爲了洗碗掉眼淚了。

① 原注：金明嵐作家介紹的40＋20工作法。
https://starlakim.wordpress.com/2019/06/29/4020-%ec%9e%91%ec%97%85%eb%b2%95/

08

找尋眞實欲望的過程

這個章節來看某個上班族。他拿著印好的會議資料走在路上，不小心撞到人，導致手中的資料散落一地。他的眼淚嘩啦嘩啦流了下來。有時他覺得自己宛如一個大型設備的零件，所作所爲沒有一點價值。

上班族通常一天要待在公司八至九個小時以上。假如現在從事的工作並非理想中的職業，不上班時又無所作爲、空虛度過，人生還有什麼意義呢？

每天通勤令他精疲力盡，上個班連自己的靈魂也掏空。當他環顧四周，卻發現好像只有自己過得很辛苦，其他人不是在戀愛，就是去旅行、買新車……看起來都很開心。忽然之間，他感到自己似乎不屬於這個地方。

總而言之，他不是自己人生的主導者。大部分的人都會灌輸自己「認眞工作、多賺點錢，就能買好房子、買好車」的觀念，把它當成理想。簡單來說，這不是大家內心的欲望，只不過是一邊維持生計一邊尋找的理想。

那些理想是你的眞實欲望嗎？電視劇主角或發展很好的公司同事創造的外在

成功形象，不知不覺間成爲我們的欲望與未來理想。

問題是，很多人到頭來才發現，這十年、二十年來的理想生活，並不是自己眞正想要的。等到那時候，你肯定會覺得人生既空虛又艱難。一直以來，自己究竟是爲了什麼不眠不休？不時還要面臨屈辱，強迫自己做不想做的事。滿心的理想或未來，瞬間化做泡沫，剩下虛無，不知道該怎麼辦。尤其現代社會分工越來越細，想切身感受自己的工作對別人有何影響並不容易。

這邊我以上班族爲例，但很多現代人都覺得人生並不屬於自己。每天努力生活固然不是壞事，但如果不去思考這樣的努力是不是自己想要的、這種做法是否會摧毀自我，你將會陷於險境之中。

與自己的真實欲望對話

成爲人生的主體（主導者）時，便能看見最眞實的個人欲望。別說你一直都是這樣生活，一切已經太遲，不可能再有改變。人們時常誤會整體性一旦形成，永遠都不會改變。然而，這裡說的整體性，是會改變、成長、生成的主體，同時也是實現夢想的過程。

找尋主體性的第一階段是「省察」，即檢視自己。不過，究竟要如何檢視自己呢？不計其數的人光說不練，是因爲他們根本不知道如何實踐。

我認爲省察的說法有點誇張，所以比較喜歡用「與自己對話」來說明這件事。拿出內在的東西，就是與自己對話。如果覺得人生好像沒有意義，活得不像自己，因此感到不安、委屈、無力，試著用紀錄與自己對話吧。想獲得自由，得先看到眞實的自己。

當你開始與自己對話，就能釋放內在的潛力，將潛力原原本本地發揮出來。檢視一下自己吧。認清自己是誰，過著怎樣的生活，理想的生活型態又是什麼，看看自己的眞實欲望。原本模糊的自己將會逐漸清晰，想法也會出現轉變。千篇一律的疲憊日常有了意義，便有可能活出自己的樣子。認識自己的眞實欲望後，就會變得自由。

接下來我推薦給各位的記錄方法，將能協助你檢視人生，找到忠於眞實欲望、屬於自己的人生。

1. 寫下自己現在的期望。

假使你對人生和工作的價值產生懷疑，好好看看內心的想法，深入了解眞相。你可以找時間坐在餐桌前，或者利用工作的空檔、睡前時間等，試著筆記內心的想法。

如果心情難受的話，試著寫出來。指責另一半也無所謂，反正沒有人會看見，就放心寫下來。寫完以後，你會發現潛藏在內心的另一個想法。寫著寫著，說不定會覺得另一半有點可憐，對孩子們的複雜情感，也會在記錄的過程中一一浮現。

練習絕對有必要。實行一個星期後，就能開始看見眞實的自己。要是突然淚流滿面，覺得胸口鬱悶不已，別繼續藏在心裡，用文字外顯出來。如同白霧般模糊難辨的情感與思緒將會變得具體，你開始有辦法好好整理。唯有經歷這個過程，想法才會變得積極。

不過，筆記不能只做一次，得持續才行。**一開始寫下的內容，很有可能不是自己眞正的期望，所以隔天必須再想一遍，重新筆記**。試著反覆同樣的步驟一星期。即使只過兩天，你也會發現自己想要的東西變得很不一樣。

2. 進行「面具判斷」。

人在一生中扮演的角色很多，比如子女、父母、學生或上班族、某個人的夥伴等，戴著各種外在的面具。然而，你現在是否過度沉浸於這些角色，以至於無法活得像自己？抑或內化別人的期望，錯認為自己的期望呢？

父母對我的期望，終其一生如影隨形；另一半或子女對我的期望，讓生活忙得不可開交；朋友對我的期望，有時令人感到勉強；職場對我的期望，使人不得不拚盡全力。還有更厲害的，那就是誤以為社會也對我有期望，諸如得到金錢、名譽、地位等。到底何者為真？

請試著寫出以下三件事。**讓我戴上面具的是誰？**父母、另一半、子女、職場、還是社會？**他們對我的期望又是什麼？**最後，**為了達成那個期望，我費盡心思做了什麼？**

進行面具判斷，比較自己現在的期望和戴著面具扮演的角色，就會明白接下來該怎麼做，明確得知人生中該捨棄什麼、兼顧什麼、追求什麼。

這就是獲得自由的起點。如果客觀看待自己的現況，明白藏在內心的欲望，就會看清阻礙前路的界限。重要的是，這麼做還能讓你找到突破界限的線索，所以才建議各位多記錄，以利突破界限，變得自由自在。

09

找出不想工作的眞正原因

你以愉快的心情工作嗎？或許各位會覺得奇怪，但我工作時總是非常愉快。一般來說，工作者分爲兩種人。

第一種人覺得工作很有趣，很有意義。我正是屬於這一種。在工作之餘，若能再做幾項感興趣的消遣活動，便可謂是活得很不賴的人生主導者。第二種人則自覺理想與現實不相符。雖然過得比前者辛苦，但他們也應該肯定換來生存機會的勞動，並持續努力追尋自己的人生。與其否定爲了生存所做的工作，不如兼顧生存與夢想的實現。爲了拉近自己與夢想的距離，我們須妥善處置生活中的實際課題，在維持溫飽的同時，一步步走向夢想。

我們在前段談到外在的面具。你之所以沒有放棄目前的工作，會不會只是因爲別人都說這份工作不錯、很有價值呢？那不是你自己的欲望。實際上，如果說社會的不幸正是出自於此，也不爲過。

工作怎麼會令人不愉快，甚至感到痛苦呢？你想知道如何擺脫這種情況嗎？

實行下列四個步驟吧。

第一步：找出自己做這份工作的原因

寫下自己做這份工作的外在因素，無論是出於薪水高、父母期望，都要據實回答。然後，試著找出內在因素，比如這份工作最吸引人的地方，以及無法放棄的最大理由。

光這麼做，你就能知道目前的工作是不是自己想要的，可以判斷是否該放棄這份工作。即使不能做出決定，至少能在內心掀起一些漣漪。多數人的狀況會偏向後者，這時繼續下一個步驟就行了。

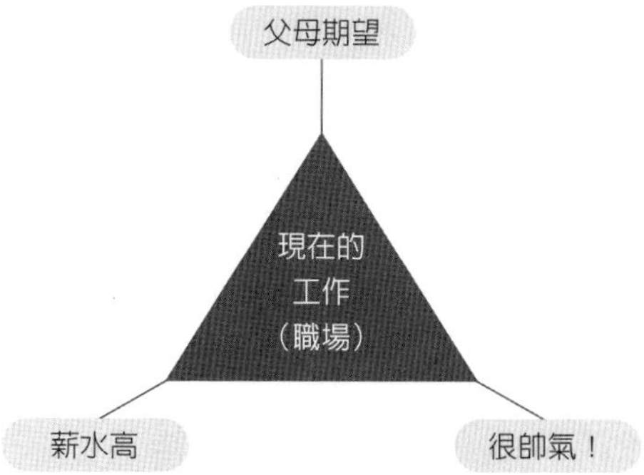

第二步：完成小欲望

我們偶爾會突然有欲望，比如想去看海或大睡一覺。試著傾聽這些你動不動就壓抑下來的欲望。儘管它們不會帶給別人傷害，我們卻用盡各種理由阻止自己實現它們。

生活太忙碌、要顧及家人、體力不夠……以各種理由忍下這些欲望，結果養成反面思考的習慣，不知道自己眞正想要的是什麼。爲了阻止這件事繼續發生，應該果斷實現欲望。

試著每星期或每兩星期完成一次自己的小欲望。這樣一來，你將會得到一些走向夢想的力量，明確得知自己想要的是什麼。

第三步：釐清自己追求的東西

尋找自我時，得先知道自己追求的是什麼。這個問題見仁見智，像我追求的是「自由」，但有些人追求「創意」，也有人追求「平安」。

即使不是職業，也可以記錄自己喜歡做的事、擅長的事，嘗試找出它們與具體行爲的關連性。列出幾種職業種類，把它們連結到自己喜歡或擅長的事。

第四步：使用並行策略

儘管找到想做的事情，也不能立刻離職，畢竟生計是相當重要的生活條件。我的意思是，不要因爲生計而放棄欲望。你可以一邊維持生計，一邊擁有欲望，使用並行策略，兼顧這兩件事。

抽出時間，爲欲望投入所有心思時的快感，能讓你有信心活得像自己。不過，也有可能在親身經歷後，發現那不是你眞正想要的，這麼做其實沒有預期快樂。無所謂，只要把它當作失敗經驗，再做其他嘗試就好。

假如找到眞正想做的事，就代表你找到人生眞正的起點。展開紀錄紙，邁向你的人生和自由，好好愛自己。

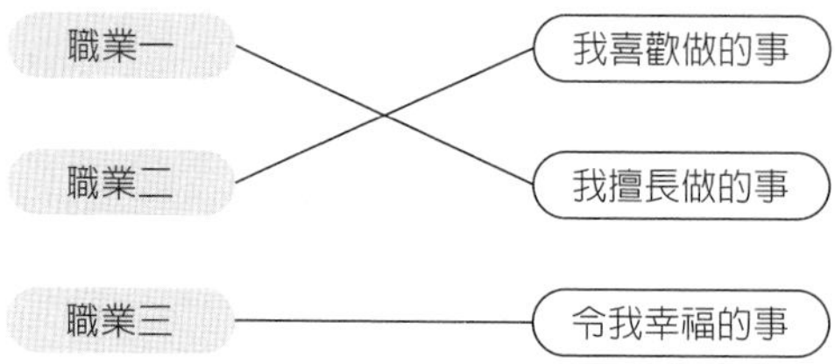

10 假如對未來感到不安，就把經驗記錄下來

沒有人不對未來感到不安。找不到未來的方向，不知道自己正走向何方、又該走向何方時，任誰都會感到不安。沒有夢想卻要決定未來志向的學生們、對工作感到迷茫的大學生、擔心生完小孩後回不了職場的女性、不知道退休後該做什麼的上班族……

這些人多半對過去的生活抱持否定的態度。如果目前的生活不順利，就覺得以前自己做錯了什麼。這是相當嚴重的錯覺。

奧地利精神病學家阿爾弗雷德·阿德勒，以「阿德勒心理學」聞名於世。根據他的目標論所述，人的樣貌都是自己的選擇，把問題歸咎於過去，無非是在責怪現在的自己。想輕鬆理解這段話，不妨閱讀岸見一郎與古賀史健合著的《被討厭的勇氣》。

書中的主角「年輕人」，提到朋友兒時經歷父親家暴，所以把自己關在家裡的故事。然而，依「哲學家」的目的論來看，朋友不過是不想在外受到傷害，才

把父親的家暴當作不出門的藉口罷了。

說穿了，不想解決問題之所以成為「目標」，是基於害怕解決問題。為了把這件事合理化，人們選擇否定自己的過去。因此，一旦改變自己對目標的看法，對過去的解讀就會隨之不同。

人會扭曲記憶，甚至誇大它。而負面的潛意識多數來自於這類經驗，也就是失真的記憶。但問題在於，不斷累積負面潛意識的話，很容易讓人變得消極。

哈福．艾克撰寫的《有錢人想的和你不一樣》，不僅適合想要致富的人，也很適合希望內在獲得成長的人閱讀，只需把「致富」改成「成長」就行了。哈福．艾克主張的重點是，潛意識會直接影響我們的想法，而想法會影響行動。

對此，他特別強調外顯化的過程。潛意識決定了想法的方向、類型、特性，情緒、感受、力量，因應而生。人們隨之行動，產生某種結果。因此，潛意識如果是正面的，就能持續帶來積極能量，產生好的結果。反之，潛意識如果是負面的，就很難成長或成功。

答案就在過去

要如何看出自己的潛意識屬於哪一種呢？針對這點，我們得先檢視影響自身潛意識的要素。

影響要素大致可分爲兩種。第一種是**兒時經驗塑造的認知與記憶**。兒時經歷不好的事，不代表你一定不會成功，但得努力改變心中根深蒂固的印象。所以，我建議各位回溯自己的成長過程與記憶，找出其中可能帶給潛意識負面影響的經驗，仔細觀察它，並且記錄下來。

第二種是**自我理解和自我分析**。請回想自己迄今爲止印象比較深刻的經驗，試著分析它們可能形成怎樣的潛意識，藉此找出平常沒有意識到、但一直妨礙自身成長的潛意識——這便是自我理解的過程。

看到這裡，接下來要做的就是果斷改變。藏在心裡的負面潛意識絕大多數來自經驗，無關自己的意志。我們有權改變它，把它轉向正面。反覆記錄、聲明、思考，便能像改變藍圖一樣，使內在的潛意識變得積極。

11 人生的本質就是追尋自由

一個人能做什麼，決定了他是否自由。換言之，享受自由的前提是「有能力」，無論是心態、態度、技術都好。唯有學習、成長，我們才能獲得自由。

若是你不得不做一件自己不擅長的事情，會有什麼感受？想必非常難受和沮喪吧。那換一個問題，你有沒有經由不斷地努力，終於做好一件事的經驗呢？那時候的心情又是如何？

打個比方，當你不會說英文時，出國玩絕對很難受。後來，你把英文學好了，再度出國旅行，如果用一個字來形容此刻的心情，肯定是「自由」。原本看似圖畫的文字有了意義，如同噪音的話語也全聽得懂了。

學會自己原本做不到的事，正如拓展人生的自由領土。朋友們都很喜歡打籃球，我卻不會。雖然很想一起打球，但硬是加入的話，好像會造成他們的麻煩。最後，你只能透過反覆練習來彌補差距，才能獲得與朋友們一起打球的自由。

如果換成騎腳踏車呢？如果不會騎腳踏車，就不能自由自在地吹著涼爽的風，沿著河邊奔馳。如果不會開車，就不能自由自在地隨時到達自己想去的地方，例如開到海邊透透氣，盡情享受在海邊奔跑的自由。另外，如果不擅長創作，就不能自由自在地以文字、繪畫、音樂表現自己。我們的所作所為、能做的事、不能做的事，大多與自由息息相關。

不要自我設限

我們沒有必要什麼都做得很好，但要知道**「是誰決定我做得到什麼、做不到什麼」**。實際上，我們很難說一切都是自己的決定，特別是小時候要學什麼、體驗什麼，多半受到父母的意志、教育方針、經濟狀況的影響。

同理，自己擅長的事也時常無關本人的意志，只是偶然的產物。假設今天我沒有A、B、C這三樣偶然的產物，但很想做到其中的B和C，理想與現實的差距不僅令人感到惋惜，還可能招來憂鬱與空虛。

請不要自我設限，篤定自己做不到某件事。

我們時常以碰壁來形容生活中遇到困難。人很容易在高牆前變得膽怯，寧願安於現狀，甚至在機會來臨時選擇逃避。

可是，當你認爲自己絕對做不到時，這輩子就無法改變或成長了。倘若你不積極跨越限制自由的高牆，自由的領土也會受到限制。我認爲，人生的本質是拓展自由領土，所以帶著勇氣和意志，勤奮行動吧。

只要有恆心，無論做什麼都有機會成長，變得自由自在。再強調一次，想要享受自由，就把紀錄當成武器，突破自己的界限。

突破界限的紀錄之力

寫下自己做不到的事情。知道自己做不到的是什麼，才能想辦法克服。用不著立刻找出所有做不到的事，給自己一星期的時間好好思考。列清單時最好訂個數量，個人推薦寫二十個左右。

列出清單後，就會發現自己有「我很想做好其中這件事」的欲望。找出自由領土的拓展方向，正是列清單的目的。當你眼前有著無數高牆時，它會協助你決定先跨越哪一座好。

決定好優先順序，便著手進行最想做好的事情。此時，你應該提前準備，分析自己該做哪些努力，事前擬定計畫。比起一次做一大堆事，更重要的是每天持之以恆，做的不多也沒關係。

請記得，做好一件事不是終點。可以的話，希望各位能好好整理學會這項能力的過程，並寫下對自己的稱讚。這不僅有益自我介紹的撰寫，也能幫你發現新的自我。跨越一座高牆後，就會想跨過更多高牆。你寫下的這些學習過程和稱讚，將成為跨越另一座高牆的一大動力。

自由的總額與內在資產的總額成正比，而紀錄有助於累積資產。我們的人生，絕對不可或缺的就是一天比一天自由的感覺。

12 越分享就越多人知道的紀錄

擔任紀錄學者二十五年，如果問我紀錄最首要的目的是什麼，我會毫不猶豫地回答。

第一，找尋自己的欲望。

第二，向他人分享我的欲望。

透過紀錄找到自己的欲望後，接下來就是要「分享」。分享紀錄，不同於字面上的意思，指的是向他人分享我的領悟，而非單純分享文字。

存在主義哲學家馬丁．海德格說過，人類是「被拋到世界上的存在」。世界並非獨自生活的地方，小孩從出生那一刻起，就憑本能感受母親的存在，感受自己受到保護，睜開眼看世界。再過一段時間，他會見到親戚、鄰居；上學後，他會見到老師、同學，持續走向社會。

阿爾弗雷德．阿德勒將其稱爲「共同體感覺」，這是與生俱來的。正如馬丁．海德格所說，我們出生時就是世界的一部分，無關我們的意志。如同我們不曾想過要出生一樣，父母也沒有想過要生下我。他們想生下的是小孩，而不是「我」。因此，我們誕生於世界，可說是種本性。

假如共同體感覺的出發點是本性，那「分享」的本性就是一種欲望。動物通常會向子女分享如何活下去，但人類想分享的不僅止於生存之道，還有知識、智慧、經驗等，**分享的工具正是紀錄**。因此人一出生，便擁有了記錄的本能。

誠如前述，透過紀錄檢視自己，等同與自己對話。同樣地，透過言語、書籍、部落格、社群，與他人分享紀錄，等同與他人對話。對話是雙向的，人類不僅透過持續的交流獲得快樂，還藉此不斷經歷自我變化，從「存在（being）」達到「形成（becoming）」。

紀錄的其中一種重要功能就是分享。我目前也積極利用各種方式，實踐智慧的分享，例如講課、經營 YouTube 頻道，以及寫書等。

我分享的東西有不少無關專業領域「紀錄學」，但我認爲這全是紀錄的力量。紀錄持續累積、呈現我當下的想法，創造可以與大眾分享的智慧。

擁有型紀錄和存有型紀錄

絕大多數的人期盼以紀錄記住更多東西，抑或留下功績、在歷史上留名。埃里希·佛洛姆的《擁有或存有》（暫譯，To Have or to Be?），將這種目的稱爲「擁有的實際形式」，與之相對的則是「存有的實際形式」。

紀錄同樣以擁有型與存有型來區分記憶的方式。同前述，**擁有型是創造自己的東西，將其留在歷史上，故這類紀錄和記憶始於自己**。

不妨將這件事與出售課堂上的筆記做對照。我們已經習慣花錢買東西，所以也把花錢買經驗或知識視爲理所當然，更習於在利用完這些擁有型紀錄後，直接把它丟掉。

然而，擁有終將使人孤立。當我們擁有某個東西的瞬間，就會看向別人擁有的。擁有一個，就會想擁有另一個。我們誤以爲這是人類的本性，但不管你送小孩再好的娃娃，他們也不會放下手中心愛的娃娃。

小孩要到五歲以後，才會產生競爭心態，想擁有某個東西。即使是自己不怎麼喜歡的玩具，只要別人拿來玩，就會想要擁有它。搶走別人東西的小孩，往往會成為孤立的對象。

反之，**存有型紀錄會進入內在，引發令我們成長的化學變化**。當我們沉浸於這種變化，從中獲得啓發，有了新體驗後，紀錄就不再是我們擁有的東西，而是我們的存在。縱使我們習慣擁有，也應該追求存有，畢竟紀錄本就是向他人分享內在所有知識和經驗的一場體驗。

★ 練習以紀錄認識自己

如果想活出自我，該怎麼做才對？人們常說，有「能力」才能找到自己的理想，並且實現它。這種說法實在太籠統了，所以我決定用「基礎肌力」來形容。唯有養成基礎肌力，方可得到活出自我的動力。為了養成基礎肌力，我們必須先了解自己。

描繪人生地圖

每到年底，我們就會回顧過去的一年，試著把回顧期間拉長到一生吧。整理人生時，請多利用心智地圖。首先在中間畫個圈，在裡面寫下目標或夢想。旁邊則細分工作、自我開發、家人、興趣嗜好、休閒活動、人際關係等領域。筆記各種項目後，你將會有更多想法。接下來，試著寫出好習慣與壞習慣，因為我們的人生多半是由習慣組成。

當你勾勒出走過的路後，便會明白自己是怎樣的人。尤其是回想兒時的興趣嗜好，意外地容易找到答案。寫出小時候喜歡或討厭的東西，能喚醒我們的潛意識。

列願望清單也是個好方法，想想看有什麼是「死前不做，我一定會後悔」的事。找出自己真正想要的絕非易事，你有可能一點想法都沒有，也有可能需要很多時間思考。就算寫出一些東西，還是需要時間檢視是否真的是自己想要。

一定會有人上網搜尋別人的願望清單都寫些什麼。我們相當善於找出別人的欲望，因為那是得到答案最方便、迅速的方法。然而，千萬別忘了這是你自己的人生願望清單，務必花時間好好思考。

寫自己的歷史

描繪完人生地圖後，請寫下自己的歷史。寫自己的歷史須習慣記錄、理解紀錄才做得到，這亦是組織自身紀錄的好辦法。紀錄既是了解自我的過程，也是整合的過程。記錄現在的生活固然重要，但統整一直以來的紀錄，在其中添加記憶與想法，好好整理人生更具意義。

事實上，光是這件事便足以出一本書了，但我盡量簡要說明。寫自己的歷史分為好幾個步驟，第一步是**依據紀錄內容寫出年表**。

從小學前開始。就學前的遙遠往昔，至今歷歷在目的就是人生的重要事件。緊接著，請回憶小學時期印象深刻的事件，寫出關鍵字。然後是中學、高中、大學、第一個職場等，按照時間順序一一寫下。

二〇〇二年春天，進入小學就讀。

二〇〇三年秋天，遇到最好的朋友昭榮。

……

這裡的核心是記住「發現人生珍視之物的當下」。之所以要寫自己的歷史，是因為你所認為的自己，很有可能不同於真實的你。列出年表後，你會看見過去從沒看過的自己。這個步驟能讓你想起人生珍視之物，並完全掌握自己。

第二步是**分類人生**。歷史學被分成經濟史、社會史、政治史、思想史等。我們可用同樣的邏輯為人生分類，例如：學習與成長、家人或其他人際關係、工作績效等。每個人的分類方式不一定相同，怎麼分類都無所謂。分類標準同時反映了每個人的特質。大家可依照自己的想法分類，至少分成三種以上就行了。分類後，記得寫下相應的年表。

第三步是**選出自己的十大事件**。內容有可能和前述的第一步或第二步重複，但重點在於它們是「你選擇的」十大事件。基礎步驟到此告一段落。看著時間順序寫的年表、按照分類寫的年表、自選十大事件等，你會覺得像是在看一本小說。一旦明瞭人生的重點，就可以把人生當作一本書，為它建立目錄。

第四步是**蒐集紀錄**。試著找出所有小時候的日記或朋友們手邊的資料，把這些紀錄對應到你建立的目錄當中。在這階段，你應該把不太重要的內容全數捨棄，挑出有意義的紀錄。內容若以學生時代居多，有關工作的少之又少，會讓紀錄失去平衡。

如果出現這種情況，不妨自我採訪。在紀錄學中，如果難以留下書面紀錄，可以使用口頭紀錄，這同時是最簡單的記錄方式。幾乎沒有紀錄時，不妨自述，簡單使用手機錄音。要是你已經按照目錄蒐集相關紀錄，只要逐一加上詳盡的細節即可。

寫完自己的歷史，接下來就該寫年史了。不用耗費太多時間，實行一星期，每天花兩小時。過程不變，先回想過去一年，進行分類，依內容建立目錄，妥善添加相應的紀錄。有了大架構後，就可以開始寫具體的細節。紀錄是外顯化的核心，寫下細節肯定可以達到外顯的效果。只要不在這過程說謊或炫耀，絕對能清楚看見真實的自己。

第二部

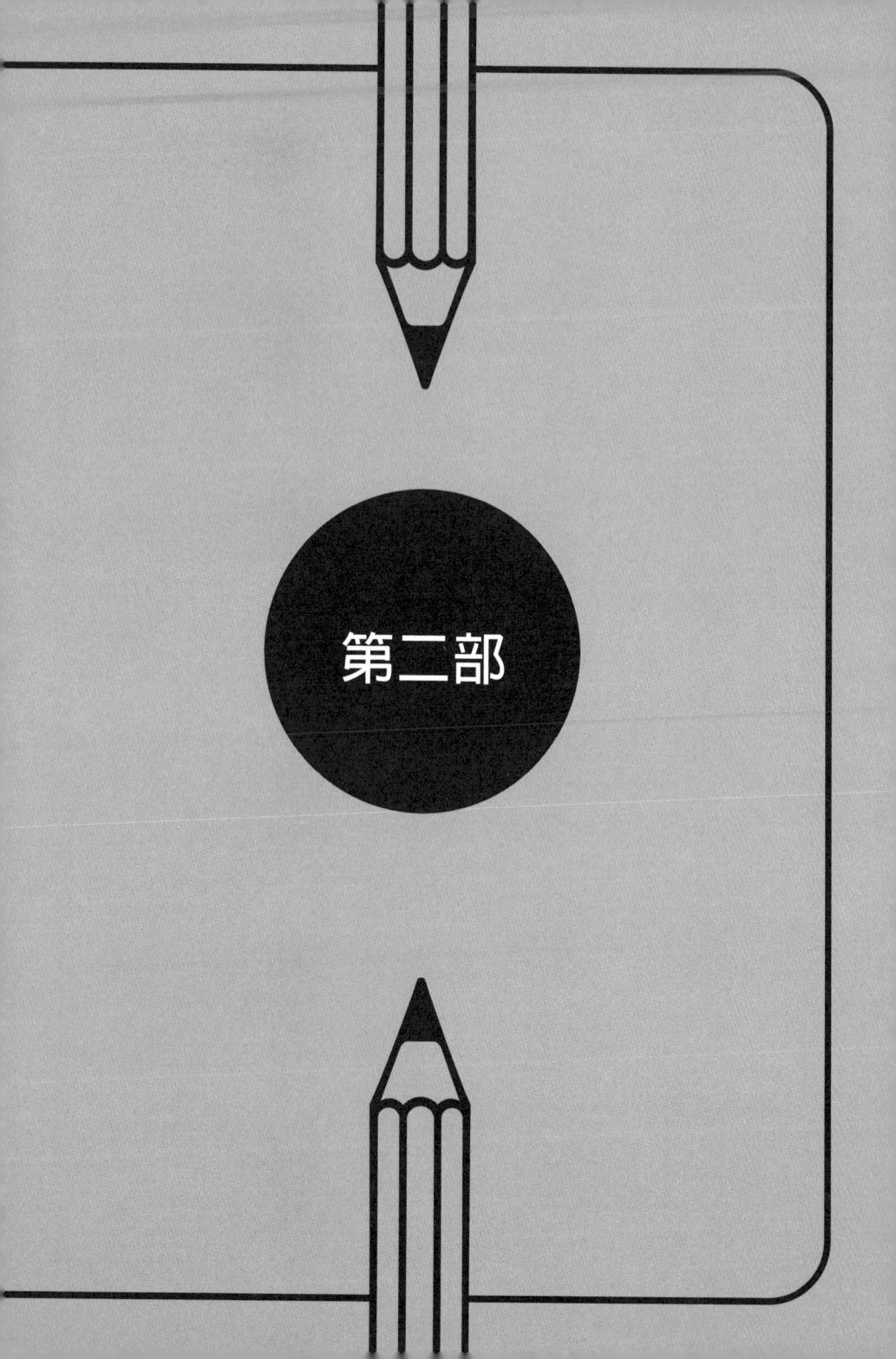

巨人的
摘要法與分類法

CHAPTER 03

專注

倘若你正面臨抉擇，
就整理出重點吧！

01 記錄高手不會寫太多

當我說自己是紀錄學者時，大部分的人都會認爲我是那種成天在筆記本寫滿文字的人。他們腦海中浮現的，想必是從早到晚仔細記錄、統整生活大小事的人。事實上，這種想法半對半錯。

我會記錄一整天發生的事情，像是今天該做的事、閒暇時的娛樂、與別人的對話、我的情緒，甚至做了哪些家事。只不過，並不會一字不漏地把工作內容或對話「照樣」寫下來。

許多人聽到別人叫他們記錄，都誤以爲要像速記員那樣，記下全部的事情。如果叫他們邊閱讀邊筆記，紀錄甚至會厚得和一本書沒兩樣。另外，若叫他們讀二十頁左右時記錄一下，記錄這二十頁所耗費的時間，和閱讀時間差不多。光聽我這麼說，就覺得喘不過氣吧。這無非是讓人放棄記錄的捷徑。

邊上課邊記錄也是大同小異。儘管你悉數記下老師所說，依舊記不住課堂的內容，實在冤枉。

線上課程亦然。各位應該都有過暫停影片、認眞抄筆記、繼續播放，或者錯過某些段落時，倒帶重看的經驗吧？如果一直執著於筆記，絕對很難專心上課。

更何況，你之後會複習筆記嗎？我想不會。即使眞的想複習，筆記內容這麼多，什麼時候才看得完？哪怕是看完了，想不起老師在課堂上說過的話，依舊是徒勞無功。人對於語言的理解遠比文字更強，可惜老是本末倒置。

為什麼該寫摘要

假如上課時用心筆記，內容卻像別人寫的一樣新鮮；讀完書做了筆記，內容卻彷彿不曾看過一樣陌生，如此認眞筆記究竟是爲了什麼？

有些人正好相反，他們從不筆記，把心力全放在聽講，我覺得這樣反而比較好。從眾多內容中挑出重點來筆記，做這件事才有意義。畢竟抄下一堆筆記，難保不會反客爲主，失去焦點。

若是細數我們一星期當中經歷的、聽到的、感受到的東西，會有多少呢？按照細分的程度來說，少則一百至兩百個，多則一萬至兩萬個左右。即使我們想掌握全部的資訊，也不可能完全記下來。因此，**「摘要」**是不可或缺的。

摘要是壓縮記憶、重新創造的行為。舉例來說，昨天你走在路上，看見樹葉在風中不停搖擺。當下，你忽然感覺到「樹葉好像在說話」。假如要記錄這件事，你會寫些什麼呢？想必有人會寫：「我看見樹葉在風中不停搖擺，似乎在說著什麼。」然而，身為紀錄學者的我會寫：「樹葉的細語。」

在這段簡短的文句中，我寫下自己看見樹葉時的所有意象。換言之，盡可能地壓縮這次經驗，然後重新創造它。

如何從一百個紀錄當中選出重要的十個

紀錄學這門學問長年以來的核心其實很簡單，就是保存一百個紀錄當中重要的十個。選出紀錄中最有用的部分，加以靈活運用，一般稱此為「評價及選擇」，也就是評價該紀錄是否具有價值，再選出想持續運用的。這也是紀錄學中最重要的一環。

是以，我們可以說**做記錄的人是從一百個紀錄當中選出十個珍貴紀錄的人**。

在眾多沙粒之中，發現閃耀的寶石——無論身處哪個領域，這都是我們一定要培養的重要能力。

現在起，當你在上課或閱讀，試著評價與選擇吧。然後，找出自己最能理解的關鍵字，將它記錄下來。關鍵字得像前述「樹葉的細語」一樣，涵蓋整個內容的印象與脈絡。**紀錄如同摘要，記錄則是反覆摘要的行爲**。

記錄型人類記錄整體經驗時，會選出代表性的幾個單字來記錄。這些東西累積久了，便會成爲自己的故事、文字、講義，以及思維。

我經常接受採訪，有時會遇到完全不看我一眼，如同速記員專注於記下訪問內容的人。每當這種時候，我就會想：「啊，這位採訪者沒把我的話聽進去呢。」這樣的採訪者只想問完自己準備好的問題就收工，對我說的話其實並不在意。

他們寫的報導若不是沒有掌握到我的意思，就是一字不漏地寫出我講過的話。讀者看到這種內容，很難有所感觸，也不會特別有收穫。

反之，曾有位記者在採訪過程中沒抄寫多少內容，也沒錄音，僅僅注視著我，仔細聆聽我說的話。出於擔心，我詢問他是否眞的不用錄音，他告訴我錄音過於耗時，他有自己的筆記方式，請我不必擔心。

他的方法是這樣的。他先從對方的敘述中理出完整脈絡，記下關鍵字，結束採訪後再寫內容摘要。之後，他會以此爲本，寫出完整的報導。他的筆記內容涵蓋了採訪當時的氣氛、講者的眼神和口氣，以及他自身的相關經驗。寫完報導後，他也不忘確認內容是否完整表達了講者的想法。

這種人才稱得上是明確了解紀錄意義的人。或許有人會認爲他不過是頭腦比較好，但絕非如此。他之所以能清楚記得採訪過程，是因爲他在聽完別人說話後，將其內化爲自己的東西，**寫出關鍵字**，**摘要內容**，然後**留下紀錄**。

盲目記下的紀錄沒有任何意義；眞正的紀錄必須對自己有價値、有意義。只要肯練習，任誰都能創造眞正的紀錄。

紀錄真正的力量是「專注」

多數人留下紀錄都是爲了「記憶」。他們覺得有一天會忘記看過的內容，所以至少要留下紀錄，這樣之後就算不重新看書或影片，也能想起來。

我們很容易將紀錄當作記憶的替代工具，但紀錄的直接效益其實不是記憶，而是專注。記錄，必須十分專注才行。紀錄的潛在功能是，讓我們在記錄的同時，下意識地思考一件事的核心，設法理解其中脈絡。對一件事全神專注、完全理解，理所當然能輕鬆記住。

因此，**善於記錄的人不會強迫自己重看紀錄**。原因在於，他們早在記錄期間就把內容刻在腦海。（請不要誤會這句話的意思。我先前有提過，回顧紀錄是必要的。）相對地，不擅記錄的人就算寫下一堆東西，重溫內容時，依舊想不起自己當初在寫什麼。

你想當盲目記錄的人，還是記得住事情的人？請記住，關鍵就在於摘要與專注。

02 留下重點，其他全丟了

常有人問我，是不是眞的會記錄一整天發生的事。每當聽到這個問題，我都這麼回答：「不，我會『**摘要**』一整天發生的事。」

相較於在筆記本上記錄，我其實更看重在腦海中找出重點的過程。這是因爲，**無論你想記錄的是思考、閱讀、對話，皆須摘要**。記錄任何事情前，都要說得出重點與對自己有益的內容才行。

試著想像一下，當你一邊上課一邊筆記重點。聽了五分鐘左右，你開始用筆電敲出筆記，或在筆記本手寫，把講師這五分鐘所說的內容整理爲三到四個關鍵字。換句話說，你在這個過程中，理清所有脈絡，並自行找出最具代表性的關鍵字。這是一個高強度的摘要動作。

不擅摘要的人不妨先試著這麼做——無論如何，**筆記兩個關鍵字**。舉例來說，看完一部二十分鐘的 YouTube 影片後，先選出有關影片的兩個關鍵字。閱讀時亦然，不管書籍篇幅多寡都無所謂。

若想選出十個以上的關鍵字勢必很困難，但選兩個誰都能做得到。事實上，如果要求自己簡短筆記，執行能力一定會更好，因爲只要稍微寫出重點的念頭，會讓心理負擔少許多。

下定決心選出兩個關鍵字的那一刻起，你就會全心全意想著「我一定要找出『絕對不能忘記』的那件事」。找到重點，其他全丟了也無所謂。如果你因此感到猶豫，我想告訴你，捨棄的勇氣是成爲出色記錄型人類的條件。若要找出有價值的紀錄，斷然不能害怕捨棄。

不多不少，試著執行三天。這樣做不僅能節省時間，還能把筆記的內容記得一清二楚。此外，如果是習慣寫一堆筆記的人，希望你可以改變自己的習慣，學著找出重點，簡短筆記。想正確筆記，這是最簡單的方法。

記錄不要花太多時間

每次看書時，我都會筆記。這是我長久以來的讀書習慣，過去記錄的讀書卡足以填滿好幾個書架。時常閱讀的人當中，很多人都像我一樣留下紀錄，也有不少人會詳細記下書籍內容。

不過，對於自己是否做好筆記抱持懷疑態度，抑或試了幾次就放棄的人更多。明明仔細讀過，覺得內容很不錯，他們卻完全感受不到書中知識變成自己的東西。爲什麼會這樣呢？很遺憾，這是因爲他們的筆記太多，已經超出自己對一本書所能消化的分量。

我爲這樣的人訂了一個標準：**寫一個章節的摘要時，篇幅不可超過A４紙的一半**。照這個方法讀完三、四個章節，並且摘要，你就會記得自己看過什麼，掌握大致的脈絡。以我的經驗來說，一本書的筆記不會超過三頁A４紙。

再進一步來看。假設有人一小時可以閱讀五十頁左右，他現在要看的則是一本有六個章節、每章節約五十頁，總共三百頁的書。

他花了一小時，專心讀完一個章節，然後立即記下想到的關鍵字。他主要寫的都是有關大綱的關鍵字，但同時也寫了一些與大綱無關，卻令人印象深刻的內容。筆記時，如果想不起來某個部分，也會偷偷翻書確認。

所以，你只需要十分鐘，便能憑藉記憶寫出半頁A４紙的筆記，絕對有機會成爲出色的閱讀者。剛開始筆記時，可能會耗費很長的時間，但看完三、四本書，多重複幾次這些步驟，在十分鐘內完成摘要不無可能。這樣的話，閱讀一本書的耗時就是六小時，筆記則是一小時。

若眞如此，邊閱讀邊記錄可說是件很值得的事。然而，如果你花了一小時閱讀約五十頁的章節，又花了一小時以上記錄好幾張筆記，很抱歉，在我看來，乾脆不要筆記比較好。之所以這麼說，是因爲這種方式已經不能算是在摘要一本書，而是在抄寫一本書。假如到頭來什麼都沒記住，何必記錄呢？

上課也是同理。上三十分鐘的課，花五分鐘或十分鐘整理筆記絕對值得。善於記錄的人不會花太多時間。

一開始筆記時，如果耗費很多時間，沒有必要太灰心。多做幾次，你的記錄功力絕對會提升。（我認爲這是記錄最大的優點，不需要天分！）不過，一開始絕對要爲自己訂下標準。如同前段舉的例子，假如你讀了五十頁的書，就要先訂好要做多少筆記。好好遵守這個原則，摘要能力就會漸入佳境。

03

不能理解的就不是自己的

想成爲精通摘要的人，得練習提高「內化」的熟練度。前面提到**「以關鍵字找出重點」，就是一種內化的過程**。畢竟要找出重點，須先了解內容架構、完整消化，不如照樣抄寫簡單。在這個過程中，以自己的方式解讀在所難免。

其實我們早在無意間摘要和內化，就像日常呼吸一般，只是沒有發現。思考或對話亦是如此。我們的所有想法和行動全都經過內化，必然會有自己的色彩。無論說話者說什麼，聽話者不同，見解也不同。不管說話者的本意爲何，聽話者都會以自己的方式解讀，這也是人們容易在溝通時產生誤會的原因之一。

同理，摘要某件事時，也會有自己的色彩。這一點非常重要。我們通常不會完全記住別人說過的話，但絕不會輕易遺忘擁有自己色彩的「自我所有物」，也就是理解與接受的部分。這是因爲，**以自己的方式摘要可以促進記憶**。

換句話說，未內化的知識或想法，絕對不會在腦海中停留太久。如果你在上課期間寫了一堆筆記，卻沒有以自己的方式解讀，照樣記不住內容。

上完一堂約三十分鐘的課，試著寫下八個與課堂有關的關鍵字。我們往往以爲自己過兩個小時，就會忘記課堂上的所有內容。改變你的想法。假如你寫下自己想出來的關鍵字，即使經過一段時間，仍會記得八〇%以上。原因在於，這是你自己的選擇。

唯有內化過的東西才能解讀

或許你會覺得這個說法太冷漠，但不能理解的就該果斷捨棄。能理解的紀錄，在未來才有利用價值。你有辦法明確解釋自己所寫的關鍵字嗎？請立即確認看看。

寫報告的時候也一樣。無論資料準備得再齊全，若是直接照抄參考書籍或論文上的內容，肯定不會拿高分。內化的重點是，先理解那些書籍或論文，記下其中的關鍵字，再思考如何填滿關鍵字之間的空缺，自然地表達出來。

我們也可以在對話時內化。假設你和幾個人正在聊天，有人說了一個十分有趣的故事，讓你不禁想「我和其他人聊天時，也要說這個故事才行」。奇怪的是，等你後來向別人提起這個故事時，卻一點也不有趣了。

明明自己說的內容和那個人大同小異，卻失去了趣味。這是爲什麼呢？正是沒有內化的緣故。這時，只要記得幾個你認爲有必要的故事元素，以自己的方式重新架構，然後說出來就行。

學術界的發展源自於無數人的內化。換言之，學問就是以別人的東西爲本，在之上添加一〇%自己的想法。**從書籍、報告用的資料，或別人說過的話當中找出關鍵字，好好消化後，加上一〇%自己的說法，即是一種內化**。各位覺得如何？比想像中値得一試吧。

別再錯過從生活中獲得的各種新知識或體悟，記下關鍵字。接著把記下來的東西當作基礎，補充自己的想法。記住這個原則，透過話語和文字表達出來，就可以比任何人更快感受到成長的喜悅。

04

把書讀進去的最佳辦法

我經常建議大家在讀完書後摘要，將內容記錄在讀書卡上，但不少人認為這很困難。又不是要寫讀書心得，只是簡單摘要而已，有這麼難嗎？然而，一開始懷著雄心壯志挑戰，不久後就灰心喪志地來找我、詢問如何摘要的大有人在。

當你覺得摘要一本書很困難時，原因只有一個，就是你不理解內容。假如閱讀時不覺得困難，為什麼無法理解呢？很簡單，因為你在強迫自己理解書中的每一字、每一句。

從現在起，放棄這種執著，把焦點放在感興趣或好奇的事，以自己的方式接受它。勉強讀的書更難懂，求知欲會因此減弱，所以應該按照喜好，以自己的方式閱讀。

這時，各位肯定會問：「該怎麼以自己的方式閱讀？直接讀不行嗎？」

來，隨便找一本手邊的書試著這樣讀看看。先確認目錄，再稍微翻看內容。看個十至二十分鐘，你會大致了解這本書的主題，以及自己比較感興趣的段落在哪裡。

之後，請開始閱讀你感興趣的章節。以林洪澤作家的《八年級生來了》（暫譯）為例，我看了這本書的目錄後，最感興趣的是第三部第三章〈掌握八年級生的心〉，於是我從這章節讀起。接著，我對於八年級生的樣貌產生好奇，於是又讀了第一部第二章〈八年級生是怎樣的世代〉。

假如持續保持這樣的好奇心，讀完一本書並非難事。即使是按照編排閱讀，也不要試圖理解、記住所有的內容。把重點放在吸引自己、有共鳴的段落，其餘的跳過也沒關係。

閱讀時，如果看到重要的關鍵字可以圈起來，覺得有必要記住的文句則可畫線強調。但請不要一看到就標記，先多看幾頁，理清內容的脈絡後，再標記比較好。

緊接著，就是專心記下關鍵字。無論是記在筆記本或書本的空白處都無妨。

你所要做的只有內化、過濾內容，筆記自己想留下的知識。

該如何摘要

倘若你讀完整本書，並且找出了關鍵字，就試著記錄讀書筆記或讀書卡。以《八年級生來了》來說，這本書分爲三大部分共十三章，每章約可找出十個關鍵字。此時，比起邊看書邊抄寫，你更該做的是回想內容，寫下印象深刻的部分。然後，使用這些關鍵字寫出摘要。不必拘泥於原本的編排，以自己的方式重新排列，積極添加屬於自己的想法即可。

下頁是我閱讀金周煥教授的《心理彈力》其中一章後，謄在筆記本上的筆記。

PART3 自我調節能力

- 自我調節：情緒調節＋衝動控制＋原因分析
  - 霍華德．加德納，1983《心智結構》（Frames of Mind）
    多元智能理論（multiple intelligence）
    內省、人際、自然、肢體
    音樂、視覺、語文、邏輯
  - → 內省智能以外的智能，都得結合內省智能，才能發揮其力。
  - 自我調節能力與它之間的關係？
    有了內省和自我調節能力，
    方能活用多元智能：自我調節能力很重要

- 情緒調節
  - 康乃爾大學Alice Isen教授團隊有關正向情緒如何影響問題解決能力的各種實驗
  - ✓讓學生看搞笑電影→問題解決
  - ✓給予美國亨利福特醫院的44位內科醫生一包表達感謝的糖果
  - →於創意測試中獲得高分能夠提高整體能力，代表也能調節情緒、發揮專注力（思維有點跳躍，但可接受）

- 衝動控制
  - 「名為學校的監獄」
  - 德西和瑞安教授的自我決定論
  - ✓韜睿惠悅（Towers Watson & Co.）
    2012年發表的全球人力資源報告職業投入×韓國48% 平均38%
  - →即，對工作沒有興趣

每次讀完一個段落，我就會在筆記本記錄該段的核心內容；等到讀完整本書，我會檢視哪些內容對我來說是必要的，再加上我的想法，將其統整如下。

《心理彈力》（金周煥，2019）摘要

培養自我調節能力

- **自我調節能力的重要性**：霍華德．加德納的多元智能理論，分為語文、邏輯、視覺、肢體、音樂、自然、人際、內省等八種智能。以自我理解為本，結合各項智能和達到成就。
- **情緒調節能力**：「因個人情緒與他人情緒的起伏感到難受→理性控制」看似是解答，但其實頻繁的小快樂更重要。創意等正向情緒（誘發情緒調節）會提高執行能力。反覆這個過程，能形成正向潛意識（心理肌肉）。
- **衝動控制能力**：「出於衝動做某件事或什麼都不做的自己→計畫性」看似是解答，意外的是自主性（德西和瑞安教授的自我決定論）更重要。須藉明確的經驗來自主、自由、積極地做自己想做的事。此時，重點在於一遍又一遍取得一定成果的經驗。

- **原因分析能力：**「不自行分析行為原因，否定大部分的事件↓培養理性分析能力」看似是解答，但其實正向的敘事能力更重要。發生機率、持續性、普遍性（自身原因、永續概念）。在思考、對話、預期某件事時，養成將壞事想成「非自己造成的間歇事件」，將好事想成「源於自己的持續事件」的習慣。

各位覺得如何？現在，這本書的內容已經完全深植在我的腦海中。以這種方式摘要時，非但不容易忘記書中的內容，也可以在閱讀其他書籍時，將它作爲背景知識活用。

如果你還不習慣這種閱讀方式，仍須花費許多時間在同一本書上，卻又因情勢所逼，需要快速讀完並理解內容的話，不妨跳過那些不看也行的段落，畢竟沒有人規定看書一定要從頭看到尾。縱使如此，你還是會記住書裡面那些令人感興趣的部分，抑或引用該內容、向別人說明等，將書中的知識轉化爲自己的東西。

無論是怎樣的資訊，只要有自己的邏輯，就有辦法建構出一段敘事。對我來說，**眞正的閱讀是以自己的方式述說出書中的知識**。

找出核心關鍵字是一種直覺行爲。你之所以寫出某些關鍵字，是基於「這個不錯」或「這好像很重要」的直覺。因此，當你把它用來當作敘事基礎時，得從理性與邏輯的角度加以思考。相信你的直覺和理性。各位絕對能完成一段精采的敘事。

05 丟掉誤讀的恐懼

只要知道方法，摘要書籍內容遠比想像中容易。大家會覺得困難，通常是因爲擔心寫出錯誤摘要。我能充分理解這點，但如果有疑慮，摘要的功力絕對不會提升。當你對自己寫的摘要充滿愛與自信時，功力就會更上一層樓。

「我覺得那點很重要，但作者不一定覺得重要。」

人們總是擔心自己會誤讀。丟掉誤讀的恐懼，對自己有點信心。當然，我不是叫各位扭曲正確的資訊和明確的事實。我說的是，每個人都能自由解讀看過的書或電影等內容。

結合各種自由解讀，產出新東西，是內容最重要的價值。接受別人的知識，以自己的方式重新解讀、架構，將使我們學到更多。

各位讀過赫曼・赫塞的《德米安》嗎？我總共看了四次。第一次大概是青春期的時候，當初看到主角辛克萊尋找自我的過程所獲得的感動，至今仍烙印在我心中。第二次稍微過了一段時間，是大學畢業的時候。在我不知道自己該選哪條路，感到徬徨無助的時候，忽然想起了這本書，於是重新看了一次。

之後，當兩個孩子出生，我的年紀也來到四十歲中段時，憂鬱開始纏身，於是再度讀了這本書。那時候，這本書讓我重新反思，沉浸在憂鬱中、被關在洞穴深處的自己，給了我破殼①的勇氣。最後一次是我六十二歲，打算在YouTube頻道討論這本書的時候。這一次，我對主角的幫手們，像是德米安、艾娃夫人等更有同理心了。明明是同一本書，卻像是在看另一本小說。數十年來，這本書每次帶給我的感受都不一樣。

比作者意圖更重要的東西

儘管書是作家的作品，如何解讀仍取決於讀者。看到這裡，可能有人會想：

①譯注：此比喻是引用《德米安》書中內容：「鳥要掙脫出殼。蛋就是世界。人要誕生於世上，就得摧毀這個世界。」

難道不是因爲小說有解讀空間嗎？其實不只是小說。舉個例子，假設我今天爲了拓展經濟學知識，讀了《拚經濟》（張夏準著）一書。

我在這本書中讀到的所有內容都會成爲我的知識嗎？唯有當下的我和作者產生共鳴的段落，才會成爲我的知識。有些書籍內容就算看得懂，依舊無法引發共鳴，我可以肯定地說，不管你多看幾遍或筆記下來，都是徒勞無功，絕對不會變成自己的東西。無論是書本或課堂內容，都要有共鳴，方可成爲自己的。

因此，**當我們閱讀時，作者的意圖並不是太重要。把焦點放在有共鳴的地方，以自己的語言寫出摘要和記錄**。縱使你的關鍵字不同於作者本來的也無所謂，你必須選擇自己完全理解、感同身受的詞彙，而非陌生、沒有意義的詞彙。

但這樣無非只是說出自己的想法，根本不是作者的初衷吧？的確如此。在我的觀點上，這樣才算是全然屬於自己的知識。不過，各位不用擔心，這次沒有共鳴不代表一切到此爲止。因爲重新再看的時候，說不定會看見更多東西。正如我在十幾歲、二十幾歲、四十幾歲，以及六十幾歲看《德米安》時，都有不同的收穫一樣。我們就是這樣成長的。

把來自外界的有用資訊消化成自己的東西時，務必記得兩件事。第一，**不要**

寫太多紀錄；第二，**找出重點內容，專心將其內化**。

完成內化的紀錄，是每個人發自內心接受完整脈絡後親自選擇的關鍵字，即專屬於己的精采成果。如果你可以在閱讀的同時，熟練地摘要，閱讀效率就會提高。原因在於，當你清楚記得書中敘述時，表示那本書一直停留在你的腦海裡。

06 拼湊和摘要的決定性差異

摘要沒有標準答案。就算聽到的內容一樣，照樣有人寫A，有人寫B。或許會有人認爲這關乎摘要能力，但其實不管能力好壞，只要達到某個程度，任誰都能熟練地找出核心關鍵。甚至不是自己的專門領域，仍可掌握重點。對記錄型人類而言，摘要能力有如成長指標。

拼湊和摘要只有一線之隔。拼湊是把抄寫的東西照著原本的架構重新編輯；而摘要是僅保留內容中的關鍵字，並將它編輯成自己的東西。假如你上大學寫報告的時候，時常拼湊內容，勢必不難明白其中的微妙差異。這裡一點，那裡一點，東拼西湊的報告絕不會獲得太高的分數。每當看到學生交出這種報告，我都會感到很惋惜。

寫報告的核心是「妥善整合蒐集到的資料」。摘要如同寶箱，若有必要，隨時能從中拿出幾樣東西排列組合，創造出驚人的成果。簡而言之，請試著在閱讀論文或書籍後，摘要留在腦海中的東西。然後，在這些按照邏輯建立、整理好的資料中，加入自己的想法或洞察，並予以編輯。這就是拼湊和摘要最顯著的差異。

摘要和編輯後會發生的事

金斑運作家在作品《編輯學》（暫譯）中強調，想創造專屬自己的內容，得先從洪水般的資訊中選出優良的資訊，藉此孕育新知識。他把人類主觀的編輯行為命名為編輯學，指出編輯可以創造新事物。

紀錄亦然。同樣是從我們的經驗與記憶、知識與資訊中，選出自己要的東西，然後創造新事物。有創意的紀錄就是這樣誕生的，統整過的遠比未統整的令人印象深刻。**瞬間編輯印象的能力越強，創意便越有水準**。

留下大量紀錄的李奧納多·達文西，是摘要與記錄的狂熱者，他的作品全是統整外界資訊與他的想法後，再進行編輯的成果。

你我都很熟悉的〈蒙娜麗莎的微笑〉，也是摘要與記錄的產物。邁可·葛柏曾對達文西深入剖析，依據他的《如何像達文西一樣思考》（暫譯）所述，達文西將人臉分爲額頭、眼睛、鼻子、嘴巴等不同部位，個別蒐集資料，並將觀察結果記在筆記本上。然後用相同的方式將身體各部位分門別類，以各式各樣的組合爲基礎，創造出〈蒙娜麗莎的微笑〉這個創意作品。達文西進行了編輯，使蒙娜麗莎黃金比例的臉上有著深邃的眼睛、微微的鷹勾鼻，以及帶著淡淡微笑的緊閉嘴唇。

柳時敏作家的《反過來看的世界史》（暫譯）也是成功活用編輯的一個例子。柳時敏作家說過，這本書是他整合自己讀過的世界史所寫的。他不曾修過史學，大學時期學的是經濟學，四十多歲到德國進修時，也是念經濟學。既然這樣，他怎麼能在年紀輕輕、不到三十歲時，寫出世界史教科書呢？

大學時期讀過的無數書籍是他的知識泉源，促使他建立了屬於自己的歷史觀點。他描寫的二十世紀從屈里弗斯事件②出發，以德國的統一和蘇聯的解體告終，這是他編輯過去累積的知識後得到的成果。他對這些歷史事件的解讀，無疑是他內化許多書籍與知識後的產物。從這本書出版多時依然受到大眾喜愛的狀況來看，足見摘要的意義非凡。

做摘要時，千萬要使用自己的想法和語言。我看完 YouTube 影片後，都會花三分鐘簡短摘要。而書籍的話，就像先前提到的，至少看完一章節要做一次摘要。完成摘要後，再將內容簡略謄到筆記。別忘了時不時翻閱這些摘要筆記，讓自己重新思考。請務必遵守這些原則，盼各位也能達到編輯學的境界。

② 編按：或稱屈里弗斯醜聞、屈里弗斯冤案。十九世紀末發生在法國的一宗政治事件與社會運動事件。一名猶太裔法國軍官阿弗列·屈里弗斯，被誤判爲叛國重罪，在當時反猶氛圍沉重的法國社會，爆發了嚴重的衝突和爭論。

★摘要生活大小事的習慣

什麼應該摘要？生活的大小事！我們能摘要的不光是有意義的知識活動。正如想法、學習、對話、日常、工作等，全都可以記錄一樣，我們所做的每件事也都可以摘要。

做任何事或採取行動，無異於是將累積的知識付諸實現。也就是說，我們所做的事情或行動中蘊含著知識。一般稱此為隱性知識——不是肉眼可見的知識，而是「內隱在身上，形成習慣的知識」。

因此，**摘要自己做的事或行動，等同在摘要身上的隱性知識**。摘要隱性知識，把它表現出來後，就成了顯性知識。顧名思義，就是肉眼可見的知識。**養成摘要的習慣，好比在生活的各種領域中，將隱性知識轉換成顯性知識一樣**。

假如你採取了某個行動，或者做完了某件事，請試著這麼做。首先，按照順序寫下自己做了什麼，再思考其中有意義的環節，然後記下來。不管是做這件事當時的感受，抑或浮現的想法都可以。唯有如此，你才能親身體驗到隱性知識轉換成顯性知識的過程。

一開始不妨先從慢跑這類的小行動著手。之後，將能摘要工作專案等較大規模的事情。如果不知道該怎麼選出「事件」，不妨以「時間」來摘要。

摘要一天、一星期、一個月、一年；試著整理自己一整天做了什麼。這時候，你得依照重要程度排序，而不是時間順序。摘要一星期時亦然，試著回想這星期做了什麼。摘要一個月、一年時，也都是相同的方式。假如你想摘要一天，就在一天結束的晚上做；假如你想摘要一星期，就選在週末做；假如你想摘要一個月，就選在月底做；假如你想摘要一年，就選在年末或年初去做。

摘要一天或一星期時，只要大略回想一下，就能想起一些重要的事。不過，以一個月或一年為單位時，要想起重要的事恐怕不容易。由於期間較長，發生的事很多，所以很難果斷做出抉擇。此時，如果先分類，重要的事就會神奇地一一浮現在腦海中。建議各位摘要一個月或一年前，先區分工作、人際關係、學習與成長、家人、休閒娛樂等，再回想有哪些事情

「我今天做了什麼？」	「我這星期做了什麼？」
1.	1.
2.	2.
3.	3.
「我這個月做了什麼？」	「我這一年做了什麼？」
1.	1.
2.	2.
3.	3.

比較重要。

替生活摘要後，便可以確認自己比較喜歡什麼、擅長什麼、能從什麼當中感受到成就感與滿足感。這是深入了解自己的重要資產，因為你將更明白自己該如何在一天、一星期、一個月、一年之間，安排這些重要的事。

羅馬不是一天造成的，這句話適用於世上的一切。縱使你決定摘要知識、工作、日常，也有可能時常忘記。然而，萬事起頭難，就算一開始做不好，希望各位還是要堅持下去。試著實踐三個月，自然會逐漸養成摘要的習慣。

CHAPTER 04

拓展

倘若你的生活需要突破口，
就進行分類吧！

07 覺得茫然，就把事情分開來看

我是一個想很多的人。無論什麼事，都習慣分成三個部分來解釋。但反過來說，我其實是爲了整理腦海中的無數思緒，才會設法練就這門技術。此外，我之所以選擇紀錄學這條路，可以說是爲了有效運用這些想法。

各位呢？我們的心中總是充斥著數不盡的想法，時常不知道哪一個才是自己的眞心。

愛爾蘭詩人暨小說家詹姆斯・喬伊斯，因小說《尤利西斯》而聞名。正如他在小說裡如實描述自己的內心一樣①，我們心中的想法也無關時間順序，以錯綜複雜的狀態存在。這些錯綜複雜的想法便是潛力的本質。

怎樣才能妥善運用這些分散的潛在價值呢？答案就在**「分類」**裡。分類是紀錄學當中很重要的領域，所謂的分類整理便是從雜亂無章的潛力中，選出特定的部分應用在生活中。

舉個比較簡單的例子來看。我們打網球時，同時存在著各種行動與感受。如果你想在打完網球後記錄，勢必得先分類。你可以回想每一個動作，寫出注意事項，設法讓下一次表現得更好；也可以寫下自己對這個運動的感想，抑或透過團隊合作獲得的人際關係見解。

就像腦海中的思緒一樣，打網球本身或許是件相當複雜的事，但經過記錄後，自然就能有效地分類整理。

進行分類，就能得知思緒的方向

分類也很有利於加強思考的深度。打個比方，假設有人問你對新冠肺炎疫情有什麼看法，你會怎麼回答呢？是不是覺得很茫然。面對這樣的提問方式，我們通常很難說出自己的想法。

① 原注：這本小說描寫的是一九〇四年六月十六日早上至隔日凌晨，那一整天發生的事情。小說形式跳脫一般的框架，靈活運用了意識流和內心獨白。

這時就透過分類來換個問題。如果改問，你對新冠肺炎疫情在經濟層面的影響有什麼看法，是不是簡單許多？因爲答題範圍僅有經濟層面。同樣地，你也可以把問題限縮在社會或醫療層面。

如果還是覺得很難，不妨再問得具體一點。將問題細分成，你覺得新冠肺炎疫情爲勞工帶來哪些經濟效益和損失、爲中小企業帶來哪些經濟效益和損失，以及爲大企業帶來哪些經濟效益和損失等。

如果**活用分類法，文筆也會變得流暢**。實際上，我自己寫作時也會使用分類法。先訂好路線再寫作，肯定有別於直接寫。寫作時，首要之務是確立架構。如果把雜亂無章的潛在想法一一分類、整理，自然會有架構，而這個架構將於後續寫作時成爲領航者。

曾經撰寫自我介紹、論文、報告等長篇文章的人，一定知道寫作有多辛苦。開頭對任何人來說都不難，但要保持邏輯到最後，往往須經歷一連串的痛苦。寫作遇到瓶頸時，還會陷入自責。因此，我建議各位利用寫筆記的方式寫作。

首先，分類自己對主題的想法。比方說，你可以把想法分爲經濟、社會、政治層面等。然後，在其中加入先前記錄下來的東西，也就是加入支持自身論點的閱讀筆記內容。

我在準備 YouTube 影片時，都是使用這種方法。先想出主題（我平時有點子時，都會比照記錄寫作素材的做法，先記下題目關鍵字，再從中挑選每次的主題），而後整理各方面有關主題的內容。

我在準備後疫情時代展望的相關影片時，先筆記了①政治②資訊社會③市民參與度等三種層面的想法，接著補充先前看完哈拉瑞在《金融時報》上的撰文〈新冠肺炎後的世界〉（*The world after coronavirus*），提及的皮膚下（under the skin）和肥皂警察（soap police）概念所做的筆記，完成了最終版本的稿件。內容是我們透過這次機會學習到，自發以肥皂洗手的市民，才是優秀的社會運作機制，遠勝於任何的政府公權力。

照這種方式進行，寫作會順利許多。記下自己的點子，重新組合相關筆記內容，建立詳細的架構，寫作將不再是苦差事，而是表現自己的一種藝術。

組合從內在取得與自外界獲得的東西，以此作爲寫作基礎，也是先前提過編輯學中的一環。這種方法不僅適用於需要寫論文的學者或需要寫書的作者，也可以活用在撰寫公司報告、求職或升學面試、商品企畫等領域。

舉例來說，當你想企畫一個新商品時，必須先做市場調查，記下必要的資訊。此外，你也要確認競爭公司的商品、掌握消費者的需求等，撰寫相關報告。不過，這些都還不夠。你還得記錄自己在這個過程中產生的想法或洞見。

綜合以上幾點，方能寫出有創意的企畫。靈感絕對不會找上那些只知照抄坊間知識或資訊、沒有想法的人，以及枯坐在辦公室苦惱哪裡有好企畫的人。

大眾多半誤以爲寫出有創意的企畫，都是極富才華的人，但事實並非如此。相較於才華，企畫更像是一種習慣。反覆去做，就會越來越熟練。唯有多做幾次，才會明白該怎麼做。

08 分類，就能看見煩惱的解答

你最近特別煩惱的是什麼？當你有煩惱時，你會怎麼做？有人會主動找人討論，有人則躲在棉被裡獨自神傷。坦白說，這兩種都不是有效的方法。我敢說，最有效的方法絕對是「記錄」。

記錄的確很有效用，但要如何提供煩惱的解答？我想請各位稍微想像一下，在我們的腦海中有著由無數想法碎片組成的巨大「當下想法」碎片，過去經歷的種種則成了一些小碎片。

當我們在生活中面臨艱難的問題時，若懂得好好分類那無數的碎片，便能找到解決問題的線索。方法真的很簡單，我們該做的不過是喚醒沉睡的想法碎片。

請記得，煩惱的解答早就在你心裡。

總之，**為煩惱進行分類**、**記錄**，**是找到解決辦法最簡單**、**最迅速的途徑**。你只要準備好能獨自冷靜思考的時間，以及紙筆就行了。

請先獨自安靜坐著寫出自己的煩惱。一般來說，我會把內容分成三個項目：

其一是**煩惱發生的背景**；其二是**造成煩惱的原因**，可能是直接原因，也可能是間接原因；其三則是**該從何解決這個煩惱**。這三個項目即爲**「分類器」**。

這麼做，便能以客觀的角度掌握令自己悶悶不樂的煩惱，究竟出自於怎樣的環境與條件。我們必須自行找出煩惱的直接原因。寫出所有的分類器後，再列出自己的情感狀態。最後，試著思考解決方向。

現在，你已經從筆記中理性判斷出煩惱的背景和原因，也記下一、兩個自己的情感狀態，這就表示已然分得出情感和實際狀況了。此刻起，你將可以客觀地看待煩惱，找到合乎邏輯的解決方案。

如何做出沒有遺憾的決定

無論做什麼選擇都一樣，我們在人生中的選擇往往都很主觀，而非客觀的判斷。爲了在面臨人生無數選擇的當下，做出沒有遺憾的決定，我們得讓自己客觀做出抉擇才行。

比方說「今天中午吃什麼」，給人一種很主觀的感覺，但如果把選項限於

①韓式料理②中式料理③日式料理等，就會更容易抉擇。因此，如果要決定一件事，先自行列出選項。光是列出幾個選項，便足以助你做出正確的決定。

列出選項後，表示你已經有答案了。誠如前述，我們心中都有解答。即使我們沒有察覺到，潛意識裡也早有答案。只是活在當下的我們，總是遺忘這件事。爲選項分類時，不僅能記住自己眞正想要的東西，也能清點眼前的可能性。

說不定有人會覺得對日常的所有大小事進行分類、選擇，乍看之下就像按照程序執行動作的機臺一樣，實在過於機械化，認爲我們應該要照自己的想法去做、憑直覺去選才對。

然而，這其實不是一種機械式的反應，而是藉紀錄喚醒自我內在的行爲。請銘記，這個過程才稱得上是按照自己的想法去做。

09 筆記在同一個地方，然後分開整理

迄今爲止，我們探討了該記錄的東西、又該如何記錄。不過，即使我們記錄了很多，也有可能一次都沒使用到。記錄是在長期記憶中存入想法與知識的行爲。然而，不管我們在長期記憶中存入多少東西，只要不拿來使用，終有一日會忘得一乾二淨。若是不經常把紀錄內容提取到工作記憶，它們就會變得模糊，淪爲無用之物。

這終究是習慣的問題。假如你不將粗略記下的筆記進一步分類，定期重新整理到其他筆記本上，時常拿出來閱讀的話，很難體驗到紀錄的功效。

我在一本筆記裡記錄了每一天，把它稱爲「萬用筆記」，當中滿是一整天的精華。每次這麼說，大家都會問我是不是一整天都在筆記。他們擔心做這件事會不會太花時間，甚至有人推託自己太忙，沒時間。我再強調一次，各位並不需要記下每天發生的所有事情。

舉例來說，我會在吃完午餐、開始下午的工作之前，找空檔寫下上午做了

什麼。這是憑記憶所做的紀錄，只要寫出關鍵字即可，時間不準確也無妨。同樣地，結束一整天的工作時，我會記錄下午做了什麼。一天寫一張A4左右的紀錄就綽綽有餘了。

養成習慣後，就會懂得如何善用零碎的時間，大幅縮減記錄須耗費的時間。此外，習慣只寫核心關鍵字的人，一整天的紀錄也不會很多。更何況，我之前不是說過，記錄最大的優點就是，多練習的話誰都做得到。即使是初學者，練習三個月左右，也絕對能學會。

將筆記分開整理

筆記難道不會雜亂無章嗎？的確有可能。解決方法很簡單，你可以先在萬用筆記裡一次記下各種內容，等有時間再重新分類整理成個別的筆記。一般來說，筆記可以分成知識、對話、想法等類型，視需求可再追加其他類型。

重新整理筆記的說法，很容易讓人誤會是照抄一遍，但這期間一定要「思考」。假如你將自己的經歷全寫進萬用筆記了，便該在重新整理的筆記裡彙總這些素材。

在這過程中，各種資訊將會組成知識的基礎，內容亦會因爲連結的領域不同而出現變化。有些東西會成爲不可思議的故事，化作智慧。

看到這裡，肯定有人會想，一開始先將筆記分類不就好了嗎？可是，就像我剛剛說的，我們要做的是「彙總」，而分類是「人力所爲」。即使只是閱讀一本書，也可以同時想到有關工作的事，獲得生活中的靈感。每做一件事，就要找出相應筆記做記錄，實在過於費事。凡事都要習以爲常，才能養成習慣。當你做某件事時，猛然想起與工作有關，才匆忙尋找工作筆記，該有多勉強。

什麼時候適合整理筆記？基本上，隨時都可以。我通常會草草寫下日常，然後在重新整理時改用工整的字體書寫一遍。我們一整天做的事遠比預期多元，如果認眞整理這些隨手記下的，謄到其他筆記，將能幫助我們重新回想重點內容。

我有時會騰不出時間整理筆記，所以規定自己每星期六下午五點做記錄。瀏覽整個星期寫下的紀錄時，不僅能回味各種豐富的知識，偶爾更會忽然湧現靈感。**紀錄，有如想法的材料**。

記錄的時刻是完全專屬於我的時間，不會受到任何人的干擾。一邊翻閱這星期的紀錄，一邊笑咪咪吃完晚餐，令我感到無比幸福。

我們之所以記錄，是爲了將過去的想法帶到當下。此時，重新整理筆記並不會耗費太多時間，因爲紀錄與腦海中的記號沒什麼兩樣。如果你當下有想法，自然就能解讀大部分的問題，提出自己的解決辦法。

10

如何整理堆積如山的紀錄，讓它起死回生

邊閱讀邊摘要，邊上課邊筆記。出現新的想法時，不忘勤做筆記。記錄每一次的見面和對話，重視其中的體悟。

當你走到這一步時，就算是記錄型人類了。逐漸累積紀錄後，我們不妨再前進一步。

「該如何處置如此龐大的紀錄呢？」

整理、重複利用紀錄的重要原則是拓展摘要，筆記的基本特性「僅以核心關鍵字簡略摘要」，亦適用於此。換句話說，你只要將自己認爲比較重要的筆記**重新摘要**就好。

首先，看看自己今天筆記了哪些東西。上午，你記錄了工作時浮現的點子和報告的大致架構。下午，你則記錄了客戶來訪時的會議內容，以及閒暇讀詩的感想。回家後，你花了一個半小時讀書，寫了一些摘要。一天下來，大概留下四至五頁的筆記內容。

當你想整理它們時，應該先做什麼呢？當然是重新看一遍，加以思考。可惜的是，很多人對此感到不耐煩。若要成爲記錄型人類，得先享受這個過程才行。我喜歡筆記，但更喜歡帶著感情重新閱讀、觸碰、回顧先前的筆記。這麼做，自然會看見筆記裡最重要的部分。以這種方式整理紀錄，紀錄的篇幅就會大幅減少。除此之外，你還能在這段期間把更多內容刻在腦海中。

重新閱讀，紀錄才會完整

同時做到寫（筆記）和讀（回顧），表示你已經養成記錄的習慣。各位都在什麼時候重新閱讀自己寫的筆記呢？我通常在飯前做這件事，比如午餐前看上午的筆記，晚餐前看下午的筆記，藉此過濾出一整天筆記中較有意義的知識、智慧等。

接著，我每天都會爲這些過濾出來的知識初步分類。書本或課堂上得知的內容歸入知識筆記，從對話中得到的體悟歸入對話筆記，與工作有關的訣竅歸入工作筆記。而那些我認爲必須依照來源整理的筆記，則另外彙整。如此一來，一天就能得到二至三個眞正有助益的紀錄。

每星期一次的筆記摘要工作也很重要。如前述，我每星期六下午五點都會做記錄，這是我的老習慣。每到這個時間點，連家人都不會找我說話。簡而言之，我營造了一個可以享受獨處時光的環境。這時我會坐在書桌前，閱讀過去一星期所寫的筆記。閱讀時，我不會逼迫自己默背或記下某些內容，而是以回味的心情觀察這一星期發生的事，宛如在看電影，一一回顧我讀過的文字、想到的點子、碰見的人們、工作時的感受等。然後將當時沒有好好整理的念頭，分類、摘要到各個筆記中。

整理筆記、紀錄的基本條件就是這樣，以一天、一星期為單位反覆閱讀筆記，重新摘要內容。一旦養成習慣，就算不特別分類，幾年後也會記得紀錄都放在哪些地方。

分類沒有正確答案

可能有人會搖著手說自己實在辦不到。無論是整理或分類，最重要的就是不能勉強。希望各位不要把分類法想得太複雜。

有些人聽到要分類書籍或筆記，就開始埋首研究圖書館採用的主題分類法。這個方法或許有其效用，但在人身上套用這種機械化的方法，很容易以失敗告終。

圖書分類法以人類的所有知識為對象，與我們在日常中接觸到的知識迥然不同。我們日常接觸到的知識領域狹小，不外乎個人感興趣的領域、職業等，所以紀錄的主題只能聚焦在與日常相關的有限範圍。

最好的做法就是先大致分類，比如學習、對話、想法、日常、工作等，再按照平時接觸的頻繁程度，做更詳細的分類。

假如你不能看著自己留下的紀錄露出微笑，也就是沒有因摘要和分類感到愉悅的話，那就只是形式而已。對於紀錄來說，態度很重要。如果你不喜歡紀錄，不管做了多少記錄，它們都不會成為你的東西。

倘若你不愛紀錄，就不會重新閱讀。最近有很多人把裝飾日誌本當成興趣，希望各位也能對紀錄抱持同樣的熱忱。紀錄固然重要，時常翻閱它、熱愛它更重要。

如果對自己的紀錄充滿愛意，它們便會隨時準備復活。儘管紀錄承載的是過去的經歷，運用於現在卻更有價值。千萬記住，相較於記錄的方法，使這些紀錄一直保持活性更加重要。

★讓人開心記錄的幾種工具

當我建議大家記錄時，很多人會問我應該記在怎樣的筆記本、是否可以使用手機應用程式等問題。總的來說，使用哪種工具都無所謂，重點在於工具須有助於開心記錄。想養成記錄的習慣，得先從中感受到樂趣才行。

就我個人而言，我比較偏好紙本筆記。每次旅行時，附近如果有文具店，我就會買一本筆記本。筆的部分，我則是使用寫起來沙沙作響、手感很好的鋼筆。

最近我的新樂趣是用文字搭配圖畫來記錄每一天。

我的包包裡總放著三枝彩色鉛筆、兩枝鋼筆，以及一枝自動鉛筆。彩色鉛筆的顏色通常是橘色、綠色、黃色，鋼筆則是一粗一細——需要大略記下關鍵字時使用粗筆尖鋼筆，需要仔細記錄時使用細筆尖鋼筆，而需要顏色標示時使用的是彩色鉛筆。以彩色鉛筆妝點筆記內容，屬於我的一個

最近我的新樂趣是用文字搭配圖畫來記錄每一天

Routine 1

Title 晚上運動 Time PM9 Place 弘濟川

從Brownstone 出發
跑到弘濟川為止
在弘濟川走跑交替
每天一小時，不間斷
（旅行時改為健走）

Routine 3

Title 閱讀紀錄 Time 星期六 5:00 Place

Pacochal diary
（Pacochal D）內容統整
- 每週回顧
- 寫Pacochal See
- 筆記Youtube草稿

Routine 2

Title 早晨藍象奇 Time AM5:00~6:30 Place
（藍色大象的奇蹟②）

- 全心全意分享早晨活力
- 傳達心意時間
  分享內容
  準備Pacochal diary
  （Pacochal D**）
- 延長寫作時間一小時

Routine 4

Title 慶州旅行 Time 星期六～日 Place 慶州、釜山、公州

- 研究前調查 暨 333文件整理
- 筆記與照片
- 晚上整理旅行紀錄
- 上傳下週IG內容

（持續旅行例行公事，直到熟練為止）

小興趣。自動鉛筆則用於邊閱讀邊做標記，或在空白處筆記的時候。

握著鋼筆的手感、鋼筆在紙上沙沙作響的聲音和觸感，皆為我帶來喜悅，不禁想多記錄些什麼。就算不怎麼想看書，也會因為想記錄而看。

我雖然喜歡在書上直接筆記，但讀完一個章節，在筆記本寫上核心關鍵字，再用彩色鉛筆整理得漂漂亮亮，更令我開心，也讓我自然而然成為一個熱愛讀書的人。

現代人經常活用照片和影片記錄日常。我太忙的時候，也會把上傳到社群的文章列印出來，直接貼在日誌上。媒介並不重要，影片同樣能勝任記錄的功能。像我一樣，喜歡復古風格的人可以寫筆記；若是喜歡電子方式的人，使用智慧型手機或筆電也無妨。

盼各位都能找到幸福、開心的專屬記錄法。

② 譯注：「藍色大象的奇蹟」是作者爲晨型人發起的挑戰，「Pacochal diary」則是作者的日記。

第三部

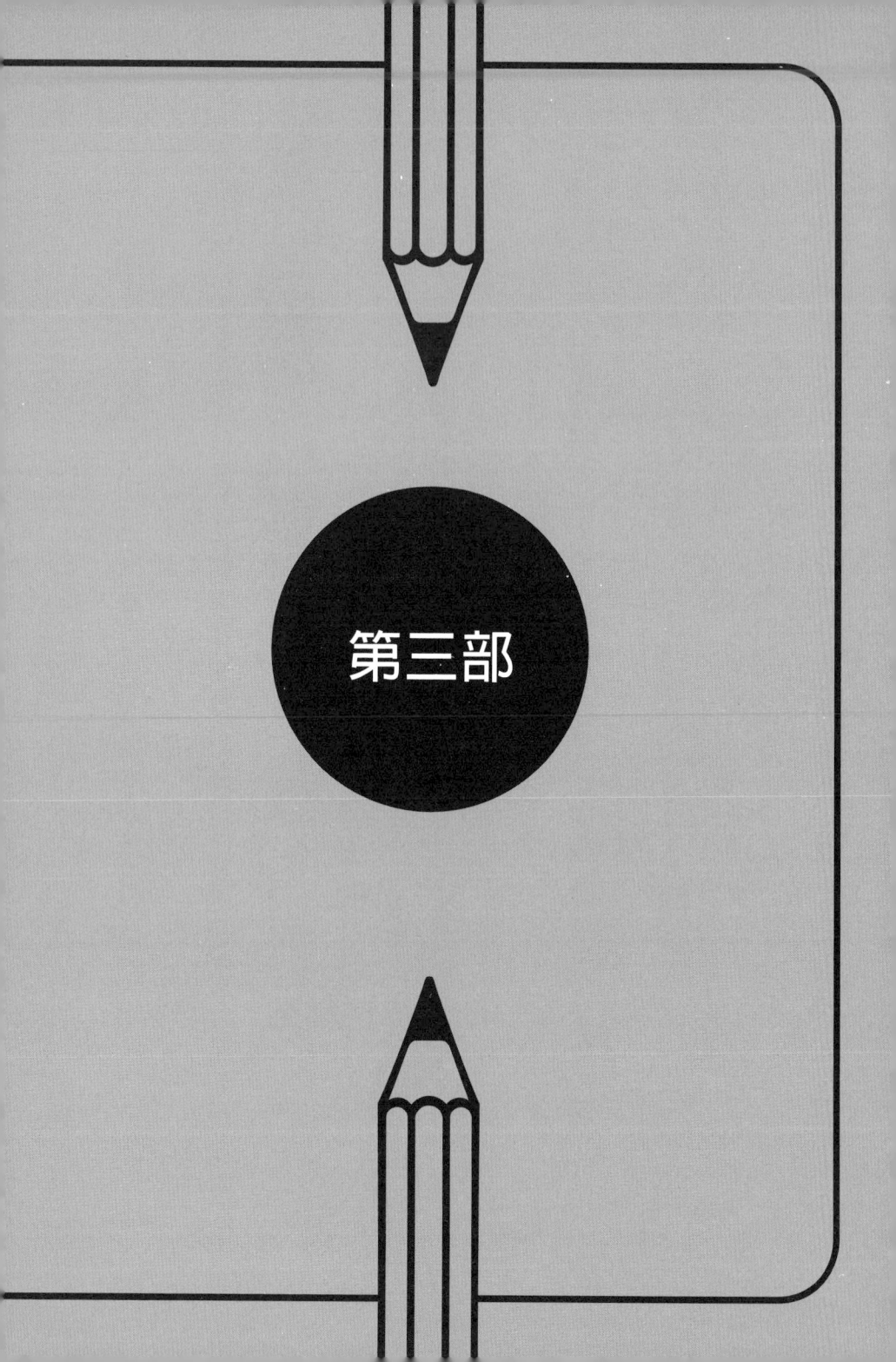

巨人的
五種記錄法

如果你是迫切渴望成長的人，就要在學習、對話、思考（想法）、日常、工作等五個領域中，實踐「記錄、再記錄、持續記錄」三個階段。你是加速成長或是停滯不前，取決於如何記錄、活用這五個領域。

第一階段：「記錄」培養知識、心態、訣竅。

學習、對話、思考的紀錄，會化為知識。記錄書籍與課堂上得知的事物、與他人的對話，就能內化外界的知識；記錄經驗中獲得的洞察或智慧、沉睡於內在的想法，就能表現出內在的知識。

而記錄日常後，生活的態度與心態都會變得不一樣。這麼做不僅可以控制情緒，還能以客觀的角度看待自己，面對日常中的大大小小問題時，也會做出明智的選擇，成為人生的主導者。

在工作上活用紀錄，做事則會變得既有效率又有方向。因為整理和摘要是充分展現能力、提升工作績效的關鍵方法。

第二階段：「再記錄」提高紀錄品質。

我一直強調，記錄不能只做一遍。紀錄的初稿本身沒有多大意義。這裡提到的再記錄並非單純照抄，而是透過內化與分類，重新整理、升級紀錄內容。假設記錄是發掘、挑選原石的過程，再記錄就是以熟練的技術進行寶石加工的過程。

第三階段：「持續記錄」把成長當成一種習慣。

習於記錄時，你的人生就會改變。為了不中途而廢、堅持到底，你非得擁有今天要比昨天好、明天要比今天更好的上進心。與其勉強自己立刻達成遠大的目標，不如以一天、一星期、一個月為單位，一點一點逐步實踐它。盡心盡力達成小目標時，你將會發現不斷成長的自己。

成長的原理很簡單。只要知道具體的方法，誰都能進入成長的循環。我將在第三部向各位說明有關學習、對話、思考、日常、工作的記錄法。

現在就讓我們來看看，如何邁出成長型人類的第一步。

成長記錄法的三個階段

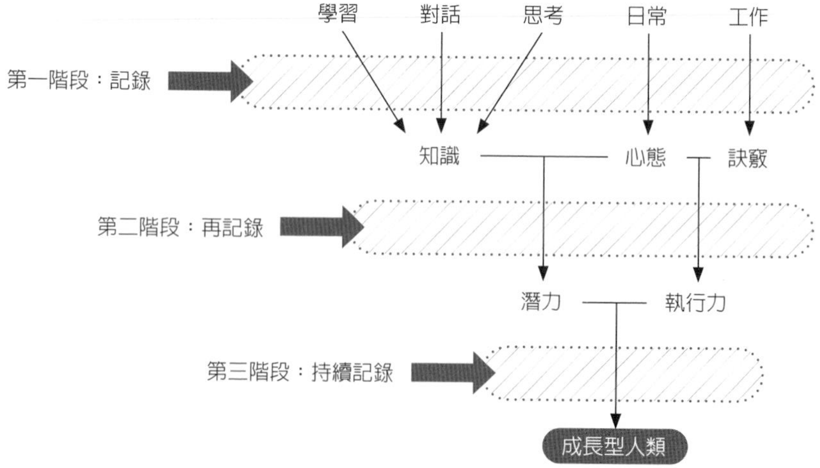

CHAPTER 05

學習

讓世上的知識都成為自己的

01 將資訊化爲知識，知識化爲智慧

我們都想成爲富有知識與智慧的人，而不只是擁有很多資訊的人。我的人生亦然，總是追求著知識與智慧。爲了累積知識，我們得先了解究竟何爲知識。唯有如此，才能將資訊化爲知識，再透過不停累積知識，讓自己邁向智慧的道路，不是嗎？

我想先問一個問題，知識、智慧與資訊有什麼差別？或者我該問，這三者不一樣嗎？①事實上，知識、智慧與資訊沒有差別。它們可以說是同一件事的不同面向，也就是本質相同、表象不同。比方說「紀錄共有五種類型」單純是資訊，可是加上一點敘事，把它改爲「持續進行五種紀錄，就能獲得豐富的知識」，這句話就成了知識。

再解釋得簡單一點。假設這裡有咖啡和點心，資訊是咖啡和點心放在我面前，而這個資訊到了我的腦海中，添加了一些敘事，成爲「一邊吃點心一邊喝咖啡更美味」。此時，咖啡配點心很好吃，這件事就成了知識。

這裡的敘事是一種**「連結」**。連結分爲很多種，它可以連結兩個資訊，也可以連結資訊與知識或智慧。假如資訊未連結其他事物，就只是在身上累積的資訊。**想讓資訊成爲知識，必須讓它們活在我們的內在才行**。

總之，**資訊得經過「我」，才會成爲知識**。康德將我們沒有察覺到、卻獨立存在的對象或事件稱爲物自體，即「自在之物」。想得簡單一點，就是內在的潛力與物自體一致或相似的時候，我們就能察覺到那個事物。人類只承認自己接受得了、感受得到的東西。康德認識論的出發點，即是人的知識建立在自己的標準之上。當我們出於需求，將資訊連結其他事物時，它就成了我們的知識。

① 原注：一般分爲數據、資訊、知識、智慧等，不過我們在日常中接觸到的多數是資訊（書籍、新聞、影片等刻意加工的數據），而非單純的數據，所以這本書就從資訊開始說起。

如何將累積的知識與智慧連結

那智慧是什麼呢？假設今天我想喝咖啡，但我認爲一定要買餅乾，把兩者搭在一起吃。事先想好「我想做什麼、我該做什麼」，便是最單純的智慧。換句話說，就是結合幾個手中的知識，依自己的意志決定要做什麼。

我們通常稱其爲**「技巧」**。要做某件事時，結合自己既有的知識，以獨有的方法理出「這件事如果這樣處理，可以有效解決」，正是智慧。

聊到智慧時，我們很常使用領悟來表現。例如，領悟某件事代表我們獲得了智慧。然而，相對於被動的領悟，智慧相當主動。原因在於，領悟來自於某種經驗或某個人說的話，智慧則是連結自己過去累積的資訊或知識後的產物。

資訊、知識與智慧的基本構成雖然沒有差別，表現方式卻不一樣。舉例來說，我們的對話當中存有資訊，而對話過程可以產生知識。相較於資訊，紀錄更像是知識的統整。

爲使知識昇華成智慧，我們不能只做記錄，還要再記錄、持續記錄。畢竟擁有許多知識，與發揮智慧終究是兩件事。唯有透過想法與紀錄提取記憶，依當下的情況編輯，知識才會成爲智慧。

各位現在要做的，是藉由紀錄這個工具，把資訊整理成知識。這個資訊可能來自外界，也可能取自內在。一點一點累積這些整理好的知識吧。等到充分累積知識後，你就會更接近智慧。

02
讀完書後，記下關鍵字

如今，我們已經得知紀錄可以將資訊化爲知識、知識化爲智慧。剛開始記錄時，想記下知識和智慧並不容易。我們決定記錄的主要是片面資訊，儘管如此，隨著記錄方法的不同，這些資訊也有可能進階成知識或智慧。

具體而言，我們究竟該記錄哪些東西呢？很簡單，把學習記下來就對了。建立「學習紀錄」看似很難，但其實我們早就體驗過了。假如你在學生時期寫過筆記，像是邊聽課邊筆記，或是邊讀書邊筆記，你就曾記錄學習。

獲得知識最簡單的方法就是看書，所以我也會把學習紀錄稱爲「書紀錄」。

絕大多數的人都希望自己可以快速閱讀，輕鬆理解內容，而且記得一清二楚。我年輕時每天可以花十八小時讀書，現在也能一次看個幾十本。根據我個人的經驗，想快速閱讀、記住書本內容，最好是在閱讀的同時，直接在書上做標記。

每當閱讀時，我都會把關鍵字圈起來，抑或畫線強調幾個單字，或在書頁一隅寫上核心關鍵字。倒是不必用尺把線畫得筆直整齊，或是用各種顏色的筆將筆記本妝點得漂亮好看。

會記錄不代表筆記一定要看起來漂漂亮亮，只要自己能看得懂即可。說著「這雖然是我的筆記，但我自己也看不懂」的人，通常是因爲他們寫筆記時，根本沒在思考。倘若筆記的過程中，你總是邊思考邊內化，就算寫得再糟糕，仍然可以理解筆記內容。

故我建議各位閱讀時，可以做點筆記。這種時候，最好是使用鉛筆，不管畫底線、圈選標示、打勾勾都行。若有必要，也可以在空白處寫下當時的想法。空白處不夠的話，就貼便條紙。每增加一本貼滿便條紙的書本，都會令人感受到滿滿的成就感與喜悅。

看完一整本書以後

看完書後，請再看一次目錄，回想一下整本書的內容與脈絡。又或者是把閱讀期間貼的便條紙從頭到尾瀏覽一遍，也不失爲一個好主意。假如你按照自己的觀點、興趣、邏輯看完了這本書，現在就該從作者的邏輯來看。與此同時，你也要專心串連所有想法。

在這階段，我還會做另外一件事，大家可以當參考，不一定非要這麼做。有鑑於我的工作是學習、寫作、授課，記住讀過的書籍內容、適當活用，對我非常重要。因此，我會將之後可能用得到的部分，以關鍵字的形式，重新記錄在筆記本或電腦裡。我只會寫下自己記得的內容，並視需求排序編號。然後，我會在關鍵字旁邊加上說明，以利未來重看時能輕鬆理解。如果是圖表或圖片，則會拍照記錄。這樣一來，未來寫論文或上課時，它們就是相當有用的資料。

說到這裡，或許各位會想問，我們到底該記錄書中哪些部分？如果你看的是小說，可以記錄登場人物或事件，或是小說的背景與訊息等。有時候，讀到寫得不錯的段落時，也會讓人想要記下來。

不過，我們眞的能在每次閱讀時，條理分明地按照分類來記錄嗎？令人惋惜的是，我們的思考無法如此清晰。讀完一本書，我們必須先回想整個內容，才能逐一分類登場人物、背景、事件等。接著，才會了解整本書的重點。

想必大家現在都知道如何在閱讀期間記錄了吧。就我個人而言，我都是一邊閱讀一邊標示出自己認爲比較重要的地方；讀完一個章節，就在腦海中整理重點，然後寫在筆記本上。假如整理的過程中，突然想不起剛才看過什麼，我會稍微瀏覽一下先前做的標示。整理好自己的想法，再動手寫筆記。

寫筆記期間，如果想起令人印象深刻的地方，我也會再看一次。或許有人會擔心，用這種方式讀書不會太花時間嗎？假設一個章節是三十至五十頁，回想、記錄核心內容，十分鐘便已綽綽有餘。

要是閱讀時一直想著要筆記，很容易因此分心、打斷閱讀的節奏。如果耗費一堆時間，卻不記得讀過的內容，不是很冤枉嗎？所以，建議各位至少讀一個章節再動手筆記。就像我先前曾提到的「瞬間思考」，不時回想脈絡是很重要的。

無論是哪種類型的書籍，記錄的方法都大同小異。有些人聽到要筆記，就認爲應該閱讀水準很高的書籍，其實不然（童書亦是很好的選擇）。不管你讀的是哪種書，重點都在於能否順暢閱讀，掌握其中脈絡，再記錄下來。

03

輕鬆看懂艱深書籍的方法

各種增進智力的活動中，我最看重的就是「一起閱讀」。我經常舉辦讀書會，參與者至少都有一百人，規模較大的則有三百人。

由於我不挑閱讀領域，凡是可以加強思考能力的名著都可能成爲選書，所以偶爾會有人反映內容太艱深。

「大家都說這是一本好書，但我實在看不懂。眞是太難了。」

各位或許都有過類似的經驗。聽別人說某本書此生必讀，於是你到書店翻了一下，感覺似乎不錯，沒想到卻成篇不知所云；因爲很多人都讀過，所以想挑戰看看，但只看了前半段就放棄了。

這是爲什麼呢？有可能是因爲書籍內容與自己的知識水準有落差；也有可能是書中的敘述或表現方式生硬，不容易讀進心坎裡；甚至可能是因爲這本書寫得不好，缺乏可看性。

第一種原因，其實每個人都有機會克服，除非它眞的很需要專業知識。方法很簡單，把閱讀速度放慢就行了。時常看書的人通常一小時可閱讀三十至七十頁左右，閱讀這類書籍時，不妨試著一小時**「只讀十頁」**。

下定決心這麼做，心情就會放鬆許多。如果不知道如何放慢閱讀速度，也可以選擇重看這十頁。

試著像放鬆身體那樣，放鬆你的大腦。若能放下快速閱讀和理解的欲望，你的執行力反而會變好，也比較容易堅持下去。一本三百頁的書，每天花一個小時閱讀十頁，一個月便能讀完。讀完一本書後，試著邁入下一個階段——**再讀一次**。

這次的目標相同，同樣在一個月內，每天閱讀十頁即可。由於你已經了解整本書的架構，花費的時間肯定比上一次少許多。在多出來的時間裡，你可以畫線標記，思考內容到底描述的是什麼，或者做些筆記。

換句話說，這次你可以盡情記錄與思考。憑藉這次的經驗，以後不管是多艱深的書，都能在腦海中整理得一目瞭然。只要經歷過一次，未來遇到再困難的書籍，皆可好好消化。簡單來說，我們需要的是一次成功的經驗。

閱讀是作者與自我內在的一場對話。不光是獲得領悟與知識，還能激發內在潛能。假如多累積這樣的經驗，書籍再艱深，也不會妨礙我們閱讀。

04 讓默背變容易的學習紀錄

當我說自己是紀錄學者時，大家都會以爲我從小就很會記錄與默背，但其實我高中時的默背科目成績都很差。明明是背過的內容，卻永遠想不起來，還老是因爲考題出乎意料感到驚慌。我一直苦惱著如何有效默背，總算在高三時領悟到了方法。

有天，朋友給我一本韓國史參考書，說他全看完了，叫我也讀讀看。參考書上有各式各樣的標記，舉凡重點內容、必背的年度事件等，全都做了記號。眞的很感謝那位朋友，分享自己整理的摘要筆記給拙於默背的我。

結果，我那次期中考的歷史獲得了滿分。後來才知道，朋友給我的資料是花了大錢請補習班老師做的筆記。他們將整理知識的技巧高價賣給學生。

那一刻，我終於明白學習不是盲目努力就能做到的事。懂得把知識整理得井然有序，才有辦法學得更好。不僅如此，我也意識到其他人正快速習得這種技巧。我沒有錢補習，只好自己摸索。

當時，我出於本能認爲**「整理是學習的核心」**。過了很久以後，當我開始攻讀紀錄學時，再度體會到這個道理。紀錄學其中一個核心理論乃是分類論，也有人說是整理論，旨在串連相關或類似的東西。另一個核心理論是評價論，主要是選出好的、捨棄不好的，也就是判斷誰好誰壞。

舉例來說，整理衣服亦適用這兩個理論。依季節、場合分類衣物，然後把比較不必要或好幾年沒穿的衣服丟掉。按照這種方式整理的話，衣櫃將會變得整潔，也能提升衣服的使用效率。

提升學習效果的三種記錄原則

想把書讀好嗎？那就試著在學習時運用整理技巧吧。若是想提升學習效果，就要像整理衣服一樣，好好整理散亂的知識。一般來說，會讀書的人都有屬於自己的筆記整理技巧。因爲光是懂得整理，便能使學習能力大幅提升。

學習方法有很多種，不過我只打算分享三個大原則。這些原則通用於所有的學習方法，盼各位能以此爲基礎，加強自己目前使用的學習方法。

第一個原則是**確定**。也就是你必須明確了解自己學過的內容，有辦法向別人說明。我們能記錄或說明的，只有自己確實消化的內容。

第二個原則是**摘要**。想記住學過的所有東西並非易事，尤其是學習內容太多的時候，很難連細節都記住。因此，我們得寫下關鍵字，藉由它們想起本來的知識。要是看了關鍵字還想不起來，該怎麼辦呢？那就翻閱教科書或參考書。

第三個原則是**整合**。試著把先前記錄的關鍵字，按照自己的想法重新排列，這與知識化為智慧的過程差不多。必須根據需求，將自己學會的知識，編輯成派得上用場的樣子，才有辦法解開高難度的問題。

假如你再怎麼努力默背，也記不住任何東西、很會背課本內容，卻解不開應用題或加深難度的考題、花了很多時間念書，但成績完全沒起色的話，不妨檢視一下學習方法是否符合以上三個原則。將確定、摘要、整合應用在學習之上，才能把學到的知識變成自己的。等你實踐這三個原則時，學習技巧將不亞於別人花大錢補習得到的方法。

05

想把文章寫好，就多筆記

假如你問我紀錄學者是做什麼的人，我會說是「管理紀錄的專家」。簡而言之，就是相當善於累積、分類有意義的資訊，以此創作內容，傳達訊息的人。若是對寫作、製作影片等創作工作感興趣的人，應該都會有興趣。

特別是，寫作與紀錄的關係可謂密不可分。當我們「寫下」某件事，就成了紀錄。換言之，理解紀錄的原理，就能學會有效的寫作方法。接下來，我將為善於寫作的人、想練習寫作的人介紹，如何活用紀錄原理來寫作。

1. 不斷累積。

我們應該累積什麼？首先是**「內在的想法」**。假如不把內在的想法拿出來筆記，它們將永遠藏在心裡。之前，我也提過紀錄可以展現內在的想法。記錄型人類寫作時，最首要的就是養成時常檢視內在、筆記的習慣。在後面的段落，我會更進一步說明如何筆記想法。

第二個是**「感受」**，一般用來統稱心情或情緒。我們在日常或工作中往往會產生感受，這些感受彌足珍貴。當我想寫作時，會仔細記下平時的所有感受。

第三個是**「知識與智慧」**。閱讀的時候，我們可以從書中獲得知識；上課和與別人對話的時候，我們可以得到「應該以這種方式解決這個問題」的智慧。希望各位能把這一切全部累積下來。

總之，想寫出好文章，須先累積想法、感受、知識與智慧。既然如此，應該累積多少呢？個人建議，**每天最少記錄四頁筆記**。開始筆記後，你會發現看似平凡的人生當中值得記錄的東西，超乎自己的想像。

2. 分類與連結。

每天記四頁筆記，三天下來就有十二頁，這意味著你創造了許多紀錄。政府機關、學校、公司行號創造的紀錄也相當多，累積久了，就會面臨「該如何分類這些筆記」的問題。分類、整理持續累積的紀錄，再加以活用，正是我們這些紀錄學者擅長的事。

說到分類，很多人都以爲世界上有高深的分類法，苦心鑽研到底該使用眾多方法中的哪一種。可是，分類的動作其實相當基本，不過是在腦海中重新整理分散的內容。試著在寫作時分類吧。

首先，時常翻看筆記進行思考。當你翻著三天前的筆記，說不定會忽然想起當時的想法，發出會心一笑。這樣的經驗比想像中有趣。不時檢視筆記，或許會在重新整理想法的過程中，找出新的連結。「這次我應該把筆記的內容寫成文章，把這個小插曲與那個知識做連結。」做到這種程度足矣。

3. 展現出來。

記錄型人類十分擅長以紀錄傳達事實或訊息，我把這件事稱爲「展現式寫作」。依據邏輯分類自己的筆記（也可以說是妥善整合），準備好整體架構，以利後續創作。接下來，寫出能完整展現筆記內容的文章。假如先前做好累積與分類的工作，文章自然流暢。

大部分的人都認爲寫作很難，先入爲主地說自己不會，這是因爲他們認爲寫作必須「寫得非常好」。是時候改變想法了。寫作無須追求圓滑順暢，表現出自己最眞實的一面即可。不必追求完美，反正隨時都能調整。先寫出不完整的初稿，再好好修改。

不過，我想叮嚀各位，寫作得每天實踐才行。你可以寫在筆記本上，也可以使用手機或電腦記錄。我個人偏好手寫筆記，因爲我很喜歡筆或鋼筆的觸感，這使我在寫作時更加愉快。

另外，我寫作的時候，會統整之前和現在寫的文章，在中間插入新的敘述，寫出一篇新的長文。堅持每天寫作，你絕對會在六個月內發現自己的功力有所精進。

CHAPTER 06

對話

在互動下創造新事物

06 對話如何成爲知識

我很喜歡與人對話。排除工作上的討論，我一天至少會找三、四個人，甚至將近十個人，分享各種主題的對話。

我之所以如此喜歡對話，是因爲得持續創作新的影片內容和文章，而與別人對話時，經常能令我靈光乍現。另一個原因則是，彼此針對同一主題提出不同的看法時，總會帶來新的知性樂趣。

對話有如閱讀，是一個累積知識的過程。如果說，我們在書中遇見的是精心整理的知識，在與別人的對話中遇見的就是更自由奔放、更有潛力的生動知識。若以不同的方式去看待，有時反而會帶來遠比書本知識更深刻的體悟。

從對話中獲得靈感與洞見的線索，早已行之有年。十七至十八世紀間，歐洲盛行沙龍文化，貴族與文人、藝術家齊聚一堂，進行文化與嗜好的交流。他們爲什麼會聚集到沙龍呢？

想像你自己是哲學家。當你參加了一場沙龍，告訴別人一件苦惱已久的事情以後，大家開始議論紛紛。聽完他們的意見，你的想法朝著其他方向邁進。大家不斷交流意見與想法，不知不覺間，你就會得到耳目一新——跟自己在家想到的截然不同的點子！

沒錯，當時的人們都會獨自坐在家裡的書桌前，在腦海中進行哲學世界的探險。直到理出一些頭緒後，再到沙龍與其他人對話，藉此獲得新靈感，激發更多想法。與別人分享自己的想法後，氣味相投的人會越走越近，形成學派或思潮。西洋近代學術思想與體制，就是在這樣的過程中蒸蒸日上。

藝術家們亦不例外。他們遇到創作瓶頸時，就會聚在沙龍。小說家寫不出文章時，也會到沙龍聽聽其他人的意見。沙龍不僅增進了學術的發展，也成了藝術成長的重要基礎。

良好的關係中，自然會有良好的對話

真正的對話是，透過與他人的對話，把想法推向不同或更高的層次，這同時是對話的奧祕之處。你從對話中獲得了什麼？你是否討厭與某些人對話？最近社會不要說聚餐了，連小型談話都讓人感到很疲倦。對於從對話中追求知識的我來說，這是令人相當遺憾的一件事。

如今，西方社會已少有沙龍文化，取而代之的是派對文化。派對文化與我們的聚餐文化或社交聚會略有差異。聚餐通常是限定範圍的族群，坐在固定位置吃飯、喝酒。相對地，派對是背景不相關的人也可以交談的場合，而且位置不固定，可以持續移動腳步，與不同的人打招呼、聊天。

假設現在有人想找新工作，當他與陌生人對話後，或許會意外發現某家公司正在找新員工，甚至獲得引介。此外，他也有機會得到新的生意機會或點子。就算沒有建立商業關係，兩人也有可能因爲處得來，成爲好朋友。換句話說，他藉此拓展了人脈。認識各式各樣的人，理當能創造新的機會。

相較之下，韓國的人際關係相對缺乏效益。在韓國社會中，如果以朋友相稱，多半是極爲親近的關係，以朋友關係爲由輕易越界的情況屢見不鮮。依我的觀點來看，人際關係的根本是**沉著的信任**，這也是爲什麼我每天都能和很多人見面，從對話中獲得樂趣，建立健康的人際關係。

除了幾個親近的朋友以外，如果你覺得自己和某個人意見相左時，大可瀟灑離開，不必感到難爲情。我們用不著與不合的人保持痛苦的關係。對於難以切斷關係或切斷關係後會受傷的人來說，沉著的信任更是不可或缺。

然而，我們在與自己無關的人（陌生人）之間，築起了一道太高的牆。人際關係如果沒有進展，生活也不會有進展。害怕拓展關係的人，很難切斷原有的人際關係。當人際關係有進展時，自然可以乾淨俐落地割捨不必要的關係。

若能建立沉著的信任關係，加上彼此互換意見的對話文化，與他人碰面與對話，便能成爲知識的寶庫。爲了回顧、記錄對話中或對話結束後的新體會，以及在對話當中交流的知識，我們須先建立健康的人際關係。

仔細理解、消化對話內容，就能在過程中體驗到自己的改變與新想法。若能好好歸納統整這些經驗，對話肯定可以成爲實現共同成長的學習過程。

07

交流中累積的對話奧祕

有時候當我們與某些人對話時，你會覺得很聊得來；而與某些人對話時，感覺像是面對著一道牆。

記錄對話固然可以累積知識，卻不是所有對話都能帶來成長的線索。

對話的核心是「交流」。對話的英文是dialog，字首dia的意思是「穿越」，字根log則是「說話」，與對方交互談話即爲對話。

光是言語交流，就能累積知識，不覺得很驚人嗎？要如何從對話中獲得知識呢？打個比方，現在有三個人把「對話」當作交談的主題。

甲：「我認爲對話當中最重要的就是眞心。」

乙：「你說得沒錯，眞心相當重要。不過，光有眞心似乎還不夠，應該還需要其他的才對……」

丙：「除了眞心，再加上有用的資訊會不會更好呢？或者一些訊息也行。」

這三個人原本的想法都不一樣，但他們在分享想法的過程中，激盪出與最初想法不同的結果。這個結果就是對話的核心，也是對話所創造的知識。因此，與人對話不能局限於單方面的說或聽。

像堆磚頭一樣，把彼此的話堆起來以後，才能產生另一個東西。這亦是一種集體智慧，集結眾人智慧是人類自古以來的本能行爲。

為什麼要記錄對話

你應該有過這樣的經驗吧？說話說到一半，忽然想到解決複雜問題的辦法，或是之前從沒想到的新點子。就算一開始不太理解，在不同的場合多討論幾次，也會越來越有邏輯。

想法會在談話過程中自我發展，而紀錄能成爲助力。只要記錄下來，無論是工作、發言、對話，都會成爲想法的「主軸」。

我通常用另一種方式形容主軸，那就是生活風格。在阿德勒的哲學裡，生活風格是一種價值觀。舉凡以某件事物的外表判定好壞、平常的說話習慣或穿搭等，皆隸屬於生活風格。持續累積生活紀錄，自然會形成生活風格。

在這當中，**「對話紀錄」最能表現個人的生活風格**。與人對話時，不僅能更了解談話對象，也可以得知自己是怎樣的人、有著怎樣的價值觀。因此，記錄對話有助於回顧自己的生活風格。

不過，不擅記錄對話的人做這件事時，往往沒記下彼此說的內容，反倒留下破碎的資訊。如果不想人生過得空虛、沒風格，最好盡快學會記錄對話的脈絡。

請記住，記錄對話的時候，不僅要記錄對方說的話，也要記錄自己說的話。人們聽到要記錄對話，總是把自己當成記者，寫下對方說的一切。可是，眞正的對話紀錄得涵蓋自己說的話。對話期間，一定很難記下全部的內容，故只須記下核心關鍵字。這些關鍵字不但是對話重點的紀錄，更會成爲我們的知識。

偶爾會有人問：「如果對話要達到值得記錄的程度，不就要找些了不起的人說話嗎？」

談話對象的知識與經驗的確是越多越好，但對話憑的不是學識，而是感覺。有些人雖然學識不足，卻很有智慧。要知道，每個人都是我們的老師。無論是誰都有值得學習的地方，我們可以從任何人身上學到東西。

08 如何不錯過話語中隱藏的智慧

各位一天會說多少話呢？我們透過對話建立人際關係、工作，以此填滿大半的日常生活。若你某天說了很多話，回到家時感覺特別疲累、空虛，很有可能是因爲說話方式出了差錯。

當然不只有你如此。大部分的人都不知道話語的特質，不太懂得如何說話，於是時常帶給生活負面的影響。

我相信話語擁有力量。我們可以從話語中獲得的不計其數，包含知識、經驗、情感、共鳴等。我成爲紀錄者與對話者，也是出於這個原因。好的話語不但能促進聽者持續成長，說話者同樣也會跟著成長。

蘇格拉底最著名的事蹟便是以對話完成哲學。想一窺蘇格拉底的對話哲學，可以從他的弟子柏拉圖彙整的《對話錄》著眼。從某個角度來說，把西洋哲學稱爲對話的哲學也不爲過。

可惜我們誤解了對話。在我們的理解中，對話是告訴別人自己的想法，以及聽別人說自己的想法。爲了確實掌握別人眞正的心意，我們通常會選擇傾聽。不過，儘管每個人都知道傾聽的重要性，懂得正確傾聽方式的人卻少之又少。

光是聽別人說話，不代表你在傾聽。如果你在對方說話的時候，想著自己接下來該說什麼，其實就算不上傾聽。這樣的做法無法讓你見識到對話的奧祕。如前述，對話是聽別人說話後，加上自己的敘述，然後對方再度提出另一個敘述，不斷交流的過程。換句話說，**正確的傾聽，形同對話前的準備工作**。因爲我們除了聽別人說話，還要愼重地接納、理解對方的話語，在心中一一消化，才有辦法產生共鳴或提出其他意見。

真正的對話方式

試著回想一下，自己最近一次和別人對話的內容。你有沒有自顧自地說話，還是反過來，光顧著聽別人說話呢？倘若是這樣，其中一方想必會感到厭煩，對話激盪不出新想法。對話時，彼此都要從中獲得一些領悟或新知，這場對話才會有趣、有意義。

有些人因為擔心別人有意見，害怕說出自己的想法。相反地，有些人忙著說自己想說的，令人相當厭煩。到底該怎麼做，才能進行真正的對話呢？

首先，帶著輕鬆自在的心情，簡單說出自己的想法或知道的事，與別人展開對話。如果對方針對你的說法提出意見，必須好好傾聽，試著理解、產生共鳴，然後參考對方的意見，重新提出統整過的想法。重複這樣的交流，談話內容就會越來越廣、越來越深。

假如你正在聊某個話題，對方卻沒有興趣呢？不妨稍待片刻，再慢慢轉到其他話題，像是提出自己對某件事的真實想法或解讀等。我希望各位都能體驗看看有交流的對話，它將會讓你體會到何謂真正的人際關係。

其實很多時候，就算我們藉由對話激盪出新想法，也沒有人發現。換言之，我們不時在錯過身邊的智慧。不覺得很可惜嗎？這也是我們必須記錄對話的原因。

所謂對話——**不僅要聽別人說，還要理解別人在說什麼**，接著才回覆自己的想法，聽對方的回應。這種對話創造的交流，會讓人彷彿來到新世界。如果我們記錄、累積這些經驗，便能從中得到不同於書本的知識與智慧。

09 記錄對話的脈絡

當我們遇到解不開的難題時，應該怎麼做才好？需要新點子，腦中卻一片空白時，又該怎麼做呢？就我個人而言，我會停下所有思考，試著與別人對話，找尋解答的線索。若是和我一樣必須一直發想創意的人，對話中冒出來的素材總是會協助我們理出頭緒。

如果我們記下談話對象在對話中的措辭與想法，大腦就會把這些東西視爲知識，這與邊閱讀邊寫讀書筆記是同樣的道理。當對話形成時，這場對話就會有如擁有好幾個共同作者的著作。

記錄對話比寫閱讀筆記簡單許多。閱讀書籍時，我們往往對作者不太了解；但對話時，我們通常比較熟悉談話對象，甚至能預測到對方會說什麼。此外，表情或口氣等非語言的溝通，也能幫助我們理解、使我們更容易掌握對方的用意。不過，每次提到記錄對話，都會有人誤會我的意思。

「記錄的時候要怎麼對話呢？不看對方一味做記錄，不會很失禮嗎？」

「我覺得記錄對話這件事，讓人很有壓力。」

對話紀錄並不是完整的對話內容，它更接近以關鍵字爲主的對話脈絡。因此，只要在未來重新檢視時，足以想起當初的對話內容就夠了。同時，筆記本的版面也不需要太大。我這三十年來使用的筆記本大小，幾乎都是A5尺寸，不僅方便攜帶，在對話中拿出來也不會造成太大的負擔。對話當下，稍微記錄脈絡與重點即可。這麼一來，對方就不會覺得你沒有禮貌，或因爲這件事有壓力。

對話中不方便筆記時，務必在談話結束後憑記憶寫下紀錄。習慣記錄的人記憶力也會跟著變好，短期內都能記得大部分的對話內容。然而，如果你是記錄新手，最好設法一邊對話一邊記錄。

像速記員一樣記下所有對話內容的人，往往會忽略對話的效用與核心，和完全不記錄的人沒什麼兩樣。如果想記下所有對話內容，直接尋求對方的同意進行全程錄音，說不定更恰當。請記住，寫對話紀錄不是爲了把它當作呈堂供證，而是爲了幫助自己理解對話中的資訊，挑出必要的內容，將其轉化成知識。

即使是私人聚會，我也會習慣性地記錄。與朋友聊天、工作會議結束後，以及單純和某人喝杯咖啡時，我都會記錄。對話紀錄可以橫跨工作與日常，適用於各種時機。

擄獲人心的對話紀錄

我們深知待人處世之道，懂得與人相處時應該抱持何種態度。可是，想做到尊重對方與產生共鳴，任何處世之道都比不上紀錄。尤其是商業關係中，紀錄更直接關乎成果。

舉例來說，有一個業務習慣將今天和哪些客戶見過面、聊過哪些內容，甚至是對方提到的家事一一筆記。比如對方簡單帶過下個月要迎接結婚紀念日，他就把這件事記下來，然後在那時發送祝賀訊息。

做生意必須擄獲人心。與客戶對話時，如果把重點放在說服他買下商品，絕對很難達成目標。無論你想銷售什麼，都要先努力了解對方現在想要的是什麼，明白他眞正的需求。

假設業務一天要拜訪二十個客戶，肯定會累積許多對話紀錄。此時，試著以人爲單位重新整理。再度想起某個人，重新整理相關資訊時，就能把他叫到現在的自己身邊。如此一來，這段關係不但不會成爲過眼雲煙，反而還會成爲對當下有意義的關係。充分運用紀錄的特性，就有辦法讓別人變成自己的客戶。

10 抓住對話時瞬間湧現的念頭

你經歷過對話陷入瓶頸、因爲對話影響情緒，或是盡力說明了，對方卻完全誤解的情況嗎？雖然這世界上沒有不對話的人，但善於對話的人也寥寥無幾。很多人說著說著，就開始以自己爲中心，自顧自地說話。

對話交流的不只是言語，還有情感。對話者的情感狀態，將決定對話的氣氛。對話內容固然重要，但若以比例來看，內容的重要度約二〇%，情感的重要度則近八〇%。對話的品質取決於是否清楚了解彼此的情感、有無視情況控制自身情緒，以及如何包容等。因此，想讓對話往好的方向發展，我們得先識別自己的情感狀態、理解對方的情感。

無論對話者有幾個人，對話通常都會有目的。有些對話是爲了給予彼此慰藉或共鳴，有些是爲了積極交換知識，也有些是爲了導出特定的結論。對話目的不同時，對話方式也會大不相同。

你曾在對話之前，思考自己的目的嗎？我們展開對話時，通常會有目的，但很容易在過程中逐漸忘記它的存在。各位應該有過歪著頭想「我為何說這些」的經驗吧。到頭來，對話結束了，你仍未達成目的。實際上，**想完成一場好對話，「思考方式」比對話方式更重要**。

活用瞬間思考

如前述，瞬間思考十分重要。即使是閱讀的時候，也要偶爾抬起頭來，思考一下先前看過的內容與脈絡。我們在生活中，其實一直思考著各種事情。

就算是對話，瞬間思考也能帶來決定性的影響。各位一定要試著利用瞬間思考，想想對話「目的」是什麼。然後在對話的過程中，「識別」自己的情感狀態，如果察覺自己過度表達，就要加以控制。此外，還要透過瞬間思考，「理解」對方的話語、表情、動作、感受等涵義。成就對話的關鍵就是，反覆**「了解目的、識別情感、理解對方」**的流程。

既然如此，說話者比較需要瞬間思考嗎？當然不是，主張自己是傾聽者的人，也很需要瞬間思考。他們之所以一直聽別人說話、老是分心或不積極參與對話，是由於缺乏瞬間思考。

在我看來，擅長傾聽、卻找不到話說的人，同樣缺乏瞬間思考。這世上沒有無話可說的人。假如理解自己與對方的情感狀態，一定會有想說的話。

試著一邊對話一邊盡力瞬間思考。不妨好好活用記錄，以關鍵字記下對話的目的、對方可能的感受。倘若自己突然很想強調某個情感時，也可以記下來，再用客觀的角度重新檢視，讓對話延續下去。

由同理與體諒堆砌而成的對話，不僅有助於彼此，也能讓人感受到豐富的成長，這與我們從書中獲得的知識滿足感不盡相同。眞心期盼各位能透過想法與紀錄，持續豐富對話的內容。

CHAPTER 07

思考

整理腦海中的思緒，
讓點子迸出來吧！

11 累積的紀錄將成爲點子

人們有時會對我感嘆：「教授，您怎麼會有這麼多點子？」或者向我問道：「有什麼方法可以在日常中獲得靈感？」或許他們期待我提供一些特別的祕訣，但實際上並沒有那種東西。眞要說，就是我進行了很多「思考」。

聽到「思考」，你會想到什麼呢？應該是雙手抱胸、埋頭思考的樣子吧。許多人需要創意時，都會靜靜地坐在原地，等待點子來臨。可對我來說，拿著筆書寫才是思考的樣子。

靈感或點子是某一天忽然迸出來的嗎？絕非如此，想出點子其實是把內在的想法拿出來。我雖然是學者，但學者也是創作內容的人，所以我另外做了題材相關筆記。簡而言之，就是將題材單獨統整。這樣一來，我就有了寫作或製作YouTube影片的有用資源。

我把這些筆記統稱爲「想法紀錄」，它相當有助於我的創意工作。除了記錄靈光一現的想法之外，發想新內容或開發新商品時也可以做記錄。

不要放棄思考

各位可能會說：「我也思考了很多，不過還是沒有點子。」的確不是每個想法都能成爲點子，然而，思考耗費的時間絕非毫無意義。

假設你今天要開發新商品，但市場上已經有很多類似的東西，就需要一個獨特的新點子。如果你思考了一小時，卻還是沒有想法，這段時間算是浪費掉了嗎？不，想不出任何東西的時間也很必要，不過你必須把它記下來，不能只是帶過。

怎樣都解不開的問題也一樣。沒多久就嚷嚷著自己做不到、放棄思考的話，如同把英文單字背得滾瓜爛熟後，再也不理它們一樣。假如你花了一小時都解不開某個問題，不妨先等十分鐘，在做其他事情或開會前重看一遍。這麼做的話，很有可能在睡前或隔天早上，忽然想到新的線索。

想要點子，必須持續付出努力，而且一定要記錄過程。記錄的動作，也就是筆尖碰觸紙張的觸感、寫字的聲音等感受，會在心中留下「我一定要得到某個點子」的強烈印象。換言之，**記錄是想出點子的暖身運動**。

盲目記錄，當然無法從紀錄中獲得點子。進行記錄這項前置作業時，身體須習慣其形象或感覺，抱持主動依賴巧合的態度。期盼記錄能解決一切的人，說不定會因此感到失望，但我所說的紀錄論，「思考」比什麼都來得重要。一味只知記錄，絕不能幫助你想出點子。

打造新環境是使巧合加倍發生的有效方法，方法因人而異。喜歡運動的人不妨出去散步、動動身體，像我就經常到永宗島附近的松樹林散步。在樹林一邊散步一邊整理想法時，往往會激發出新點子。這亦是我建議大家做一件事時，偶爾要停下手邊的工作，稍作思考的理由。

成為點子銀行

聯想、統整各種紀錄時，點子就會出現，試著將散落的紀錄碎片組合起來。點子出現的機率高低，取決於你是否活用「記錄的行爲」以及「聯想、統整紀錄的時間」。接下來，我想告訴各位讓自己成爲點子銀行的兩種方法。

第一種是**把想法刻在潛意識**。先將想思考的東西牢牢記在潛意識，使它持續發展。我經常使用這種方法，不論睡覺或醒著都一直思考某件事，讓它融入我的生活。這麼做，就算我睡著了，還是會想到新點子。

第二種是**心流**。心流大師米哈里·契克森米哈伊教授，將專注比喻為一種心流現象。從他的觀點來看，在一動也不動的狀態下，專心坐在書桌前超過十個小時，並不算是心流。眞正的心流是在自然、有節奏的狀態下，長時間持續思考同一件事。

爲了激發創意，你可以先坐在書桌前閱讀相關書籍，然後起身散步，順便回想先前讀到的內容。接著，邊吃飯邊思考書籍內容與自己的想法有什麼關連，再找朋友聊聊隨意想到的點子。回家後，重新仔細思考這些點子，再次出門散步繼續思考……這種順其自然、不斷在腦海中思考的狀態正是心流。

試著透過記錄增進心流的效果。一邊閱讀一邊記下核心關鍵字；一邊散步一邊重新思考筆記；等待餐廳出餐的時候，將思考過的想法重新筆記；與朋友對話後，立刻記下新的想法；回到家後，坐在書桌前整理先前的想法，再次記錄下來。連續好幾天都保持這樣的狀態，還愁沒有新點子嗎？

12 如果覺得煩惱，就記下你的想法

上一章節提到了想要點子，必須不斷思考。同樣的原理，這麼做也可以發現解決煩惱的線索。

各位有過持續思考同一件事的經驗嗎？抑或煩惱某件事超過兩小時以上，完全沒有休息？我想應該沒有吧。人即使有煩惱，也常常想到一半就想到肚子餓該吃什麼，而後才又開始煩惱……大家聲稱自己一整天都在煩惱，實際上一直想著同一件事的人屈指可數。

但凡事都有例外，有些人的確會完全不休息，持續思考同一件事，那就是圍棋棋士。他們會在長達數小時的競賽裡不斷思考，在腦海中推敲棋局發展趨勢，不停預測對方的棋路、思索每一步的對應方式。我把延續同一個想法，不讓其他念頭占據思路的狀態，稱爲**「思考的銜接」**。

我們可以藉由思考的銜接，想出無數的點子與排解煩惱的方法。也就是說，想加強思考能力時，一定要做到思考的銜接。

銜接思考的方法

仔細回想一下，我們煩惱某件事時，通常過了三十秒就會停下來，過了十五秒再停下來，過了三秒又停下來，接著又再煩惱二十秒。在此期間，各種念頭或畫面進到腦海中。來看看下面這段文字。

橄欖樹上黏著銀色的粉末。在寧靜漫長的白天裡，轉變成深紫中帶著一點紅的色澤，漸漸成熟。我說過橄欖全裝在罈子裡了嗎？我帶來了一些從安德魯斯商店買的東西。莫莉把它們全吐出來了。現在總算知道那是什麼味道了。用薄紙包起來，放在籃子裡的橘子。希特隆也一樣。話說回來，可憐的希特隆還住在聖凱文廣場嗎？

想必很多人看到這裡，都會認爲內容不知所云。不但文法錯誤，斷句也很奇怪，敘事老是離題。然而，令人訝異的是，這段文字取自於詹姆士．喬伊斯撰寫的名作《尤利西斯》。這種行文手法稱爲「意識流」，它表現出人類意識中不斷改變的想法與感覺。

《尤利西斯》不同於其他小說，故事並未按照時間排序發展，而是以文字重現我們腦海中複雜的想法。喬伊斯藉此說出人爲時間排序的非眞實性。對他來說，原封不動地重現腦海中的複雜想法，遠比按照時間排序來得自然。

從某種角度來說，我們的想法相當混亂，甚至可說是一團糟，但又是如此豐富自然。只不過，想排解煩惱時，這種想法特徵完全派不上用場，畢竟解決問題的基本原則是「邏輯性」。

相較於邏輯，喬伊斯的意識流是強烈的形象性與重現。既然如此，我們該如何在複雜的想法中加入邏輯呢？當然就是靠記錄。

人有煩惱時，腦海中會充斥著各種想法，致使自己逐漸忘記當初爲什麼煩惱，把因果與情感全混在一起，陷入無解的泥沼中。這樣一來，就會越來越想不出解決的辦法。

現在，排除其他想法，將有關煩惱的一切進行分類和記錄吧。你將見識到，全心全意苦惱兩小時也解決不了的問題，在三十分鐘內解決的驚人瞬間。

13 如何記錄潛意識

你有想改正的習慣或行爲嗎？我活了超過六十年，至今仍有許多想改正的地方。每當發現自己該戒除的行爲時，都會不斷努力改變。自從我領悟到「思考」有多重要以後，就知道想改變習慣，得先檢視潛意識。

我們的行爲背後都有潛意識，這同時是思考的基礎。假如思考轉化爲行動，我們就會獲得經驗。而累積各種經驗後，又會再度形成潛意識。因此，如果你好奇自己爲什麼會產生某種想法，抑或想改正某個行爲，就得檢視自己的潛意識。

倘若你想檢視潛意識，就把它記錄下

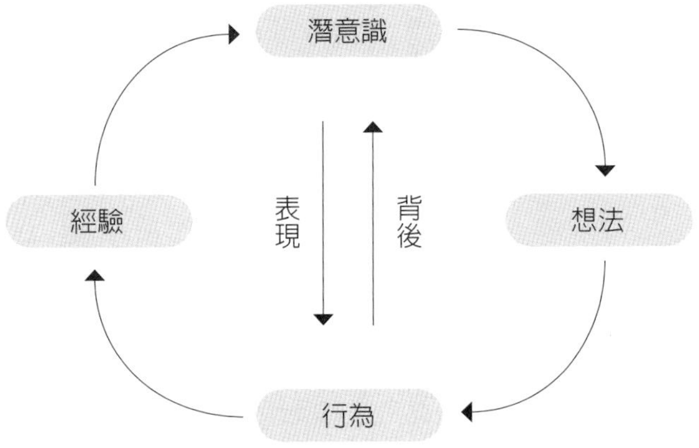

來。紀錄雖然不能完全揭露潛意識，但已經足以讓我們更接近它。

該如何記錄潛意識呢？記下**「目前的情況」「我的情感」「過去的經驗」**等三件事就對了。

舉自己爲例，我從小就有一個壞習慣，便是恐懼跨出第一步，不管做任何事都一樣。認識現在的我的人，可能會很吃驚，但以前的我因爲膽小，錯過了很多機會。

無論是考試前、認識新朋友、說話或上臺報告時，心底的恐懼總是使我無法果斷挑戰新事物。一直到高中二年級爲止，我都是這樣子。接下來，我將說明當時如何藉由記錄克服這個問題。

記錄潛意識後發生的事

先把筆記分成兩邊，一頁寫下令自己感到恐懼的情境，另一頁則寫與此相關的過往記憶。

比方說，距離考試還有一星期，就感到壓抑、恐懼。明明該開始爲考試做準備，卻因爲恐懼而放棄。把這種情境與心情記下來，就是在檢視自己的內心。

檢視內心後，我發現自己恐懼的或許是考試結果不如預期，以及不能做好準備。說不定打從一開始，我就不想好好考試，才會把恐懼合理化。反覆檢視內心、認清自己的做法，就是第一步。

我們的思考走向與先前的經驗有關，不管是童年或最近的經驗都有可能。接下來的第二步，就是要思考哪些經驗可能影響自己的潛意識，把它記下來。

經過一段時間，才能進行第三步——分類筆記。感到恐懼時，就寫筆記吧。累積一些筆記後，再根據**①情況類型②恐懼類型③過往經驗造成的各種恐懼**，進行分類，試著自行找出問題，體悟消極的潛意識出於何種經驗。儘管答案不盡然正確，仍舊是自我反思的一個有用契機。

令自己感到恐懼的情境	與此情境有關的過往記憶和心情

反覆記錄、分類三個月後，我終於明白自己恐懼的是，當我再怎麼努力念書，成績也不見好轉時，對自己失望的情緒。雖然我已經忘記了，但國中一年級時有過這樣的經驗，所以不想再次面對。多年來，失敗帶來的恐懼一直存在我的潛意識裡。

意識到這點後，我立即打起精神，以更客觀的角度看待自己的情緒。我也發現，因恐懼連第一步都不敢踏出去的舉動，是多麼沒有效率與可悲。恐懼當然不會一下子就消失殆盡，但狀況絕對會逐漸好轉。

各位肯定也能做到。思路很難保持清晰，我們的頭腦多半都是亂糟糟的，有時還會有矛盾的想法共存。因此，你一定要記得，我們帶著明確的想法採取行動的情況其實不多。

當你因為頭腦一片混亂，需要更多時間考慮該怎麼做時，也不代表做錯。就算要花點時間，你還是可以一邊記下想法，一邊設法讓頭腦變得清晰。慢慢檢視想法，挑出最令自己滿意、最合理的答案。紀錄永遠都會助你一臂之力。

14

記錄造就天才

各位知道大部分的天才，都是記錄大師的事實嗎？他們往往很善於記錄自己內在的東西。

愛迪生說過一句無人不知的名言：「造就天才的是九九％的努力，加上一％的靈感。」

有些人對這句話的理解是，若沒有一％的靈感，有九九％的努力也是徒勞，但我想強調的是：「假如付出九九％的努力，就能得到那一％的靈感。」愛迪生便是透過那樣的努力而成爲發明家。換言之，這句話與先前提到的「質量轉化」無異。努力越多，品質越有可能改變，也就是出現變化。

這不只適用於個人。打個比方，線上購物中心推出許多好商品時，熱銷商品更容易出現。我們將之稱爲巧合，但這種巧合其實來自於數量的累積。同理可證，天才的腦海中累積無數知識時，靈感自然會出現。

李奧納多·達文西是史上最有創意的人物之一，位於義大利米蘭的盎博羅削圖書館收藏了他留下的一千一百一十九頁紀錄《亞特蘭提斯抄本》，內容涵蓋了他的靈感速寫，以及好幾篇文章、發明設計圖，甚至料理食譜。此外，據說他生前還留下將近一萬四千頁的其他紀錄。

牛頓也留下了許多紀錄。二〇一七年，聯合國教科文組織將他的紀錄，包括信件、手稿、筆記等指定爲文化遺產。透過這些紀錄，我們得以確認萬有引力等偉大的研究是如何修正、發展而來。不光如此，牛頓還留下了無數各種領域的書籍，比如數學、科學、人文學等。

他們記錄自己的想法，藉此發展創意。事隔幾百年的今天，我們依然知道他們的名字與成就，正是因爲他們留下了紀錄。若不是這些紀錄，我們不會有機會了解他們在想什麼，即使只是一些片段。

記錄型天才策略家的日記

無數天才的紀錄在歷史留名，其中最經典的莫過於李舜臣將軍①的《亂中日記》，它蘊含了我向各位推薦的紀錄本質。李舜臣將軍是以日記形式，記錄各種生活必備技能的達人。

他寫了七年的日記，時間從爆發壬辰倭亂的一五九二年起，直到一五九八年第二次戰役結束為止。記錄的原則是堅持不懈，方可留下完整的紀錄，而他早在四百三十多年前便已實踐。

他的日記裡有著日常、工作、對話等紀錄。在我看來，他之所以能用不屈的意志克服難關、重新崛起，是因為他把每件事都記在日記，有條有理地進行自我管理。管理軍營時，這些紀錄也可以引導他做出最佳的策略。

李舜臣將軍的日記主要有三個特點。第一，關於工作的紀錄十分詳細，比如《亂中日記》前段就有許多關於軍營兵士的故事，以及管理他們的事例。

文中生動描述他如何統率士兵，在照顧他們生活起居的同時，不忘以嚴格軍律進行管理的場面。將捕食犬隻的士兵判處杖刑的故事，讓我們清楚看到他的紀錄有多鉅細靡遺，連一點細節都不放過。他對弓箭比賽、摔角的描寫，亦是極其珍貴的紀錄，眞實呈現了戰場的生活面貌。

第二，《亂中日記》包含了另一種重要紀錄，那就是會議紀錄。李舜臣將軍在日記裡留下作戰會議的討論內容，他在戰事中展現的非凡天分，與這樣的記錄習慣有緊密的關連性。

一直以來，他都藉由會議紀錄掌握眼前的問題核心、反思結論，在此基礎上建立未來計畫。

第三，他記錄了很多關於人的事情。李舜臣將軍在日記中記錄了很多關於領議政柳成龍、都元帥權慄、慶尚右道水軍節度使元均，以及國王宣祖的事，可謂是完全展現了對話紀錄的本質。

此外，他還坦率寫下有關自己的事，像是家人、個人的痛苦心境（包含日常的小毛病）、對自己老是覺得不快樂的感嘆等。對於李舜臣將軍而言，紀錄不僅是策略規畫工具，還有檢視自己、斥責自己、安慰自己的鏡像功效。

李舜臣將軍是一位記錄型策略家，他留下的日記是寶貴的遺產與教訓，展現出紀錄在超越極限、打造堅實的生活方面，能產生多大的影響。期盼紀錄也能在各位的生活中保有一席之地。

---

① 編按：朝鮮王朝名將。死後被尊爲民族英雄。

CHAPTER 08

日常

成為自己人生的主人

15 不要把心力放在海市蜃樓，多專注眞實的人生

目前爲止，我們探討了學習、對話、思考的記錄方式。我將這三種類型的紀錄，稱爲廣義的知識紀錄，因爲它們皆是累積知識的基石。不過，成長不能只靠知識，還須兼備活用知識的心態。我們可以在記錄經驗的同時，建立心態。

與經驗有關的紀錄，大致分爲日常紀錄與工作紀錄，特別是日常紀錄多爲日常生活的種種經歷。人們時常以爲只有大事件或特別的日子才要記在日常紀錄裡，但事實並非如此。我們的日常往往平淡無奇，如果任由這些時光流逝，內心將會變得空蕩蕭瑟。

我想問問各位，你的內心被什麼塡滿呢？我們經常爲空蕩蕩的內心注入媒體展現的海市蜃樓。我也很喜歡看電視劇，但總是竭力對媒體營造的假象保持警戒。媒體中光鮮亮麗的生活看起來似乎觸手可及，可當我們拿現實中的自己與海市蜃樓比較時，只會發現再努力也沒有用，就此灰心喪志、貶低自我。

你想住在海市蜃樓裡嗎？你想被社群媒體迷惑，放棄自己的可塑性嗎？哪怕

是從現在起也好，開始記錄你的日常吧。盼各位能藉由記錄，整頓自己的生活，讓生活變得更有條理。記錄日常的小事，可以讓我們找到生活眞正的意義。

舉例來說，假設今天你要打掃家裡，說不定會在打掃的過程中靈光一閃，忽然想到新點子或令人吃驚的訣竅。我們絕對無法得知自己會在哪裡、什麼時候發現什麼。**對於記錄的人來說，日常生活就是一連串找到潛在可能的機會**。

開始記錄日常後，我們平時不會特別在意的事情，像是煮飯、打掃、回收，都會變得有意義。你將可以從那些曾被貶爲毫無意義、價值的事物中，發現新的價值。

記錄平凡日常的理由

若想知道日常中哪些事情比較重要，可以鳥瞰的角度檢視自己。看電影時，攝影機從演員頭頂的角度拍攝的場景就是鳥瞰。換成小說的話，就是以作者的全知視角來檢視自己的日常。

試著想像，你的意識就在頭上，好好檢視自己。此時，我稱自己爲內在小孩。事實上，我在記錄的時候都會努力觀察我的內在小孩。記錄日常前，我不但會試著以別人的視角著眼，思考早上做了什麼，甚至還會把自己當成別人，以「翼漢早上做了什麼」的方式來描寫。

雖然這樣稱呼自己有點彆扭，但這種方式可以讓視野擴大到周邊，以更客觀的角度看事情。多做幾次，你將會感覺印象變得越來越明確，這就叫作「場面紀錄」。

紀錄可以粗分爲敘事紀錄和場面紀錄。敘事記錄顧名思義就是描寫一件事，場面紀錄則是回想按照時間推移的某件事或事件，記錄有關這個場面的關鍵字。以關鍵字表現自己的一天。如果你眞的什麼都沒做，一直躺在原地，也可簡單記錄一句，自己從幾點到幾點都待在某個地方，什麼事都沒做。

如我之前所強調，我很重視記錄的效率，故不建議以6W原則詳細敘述。做記錄時，最好比照以下範例，簡短寫下關鍵字即可。

9點30分	咖啡＋古典音樂
10點	補眠
11點	閱讀
11點30分	看YouTube
12點	午餐

上班族也一樣

9點30分	課長發火，宣傳手冊檢查
10點	早晨會議
11點	午餐

假如是主婦，也可以簡單寫下自己在哪時做了什麼

8點30分	大家都出門了，萬歲
9點10分	大發雷霆，但還是把碗洗好了
10點	打掃
11點	閱讀30頁的筆記

「萬歲」「大發雷霆」這類的情緒詞彙也沒關係。此外，不光是上午，下午、晚上、睡前都要記錄。

有些人聽到要記錄，就會綳緊神經，覺得一定要寫得很好。不過，想寫得很好的念頭，反倒會讓人一個字都寫不出來。因此，建議大家不要太在意文法。告訴自己文句不完整也沒關係，心情自然會放鬆。不需要太多修飾，簡單寫下「孩子們上學」「老婆上班」也行。這樣一來，我們才會捨棄野心，不再要求自己寫得好。**相較於文章的水準，留下紀錄更有意義**。就算不上傳部落格或社群、文章沒完成，一定都會有幫助。

我是誰？一直活到現在的人就是我。我先前的作爲，造就了現在的我。場面紀錄是尋找自我的第一步，回憶中的場面將會幫助自己活出更美好的未來。

16

早上寫夢想，晚上寫過往

「我是倡導利他型自我開發的十萬人社群經營者。」

我滿懷自信地把這句話寫在日誌的第一頁，把它當作目標。我每天記錄自己該做的事，將其視爲生活中心。這項計畫涵蓋了我的過去、現在與未來。爲了讓自己得到成長與成就，我記錄了昨天、前天，接著又記錄今天與未來，使一切有所連結。而紀錄的本質，正是管理這些自然而然接連發生的種種。

在日常生活中，你是否有決心做過什麼事？決心要做的事雖然是未來的事，但要實現的話，總得將夢想帶到當下。

說得簡單一點，就是你如果有想做的事，就要在日常計畫中刻意安排相關活動。不管是三十分鐘也好，十分鐘也罷，一點點將它融入生活。

無論你現在的工作或資產、實力如何，只要每天做一件與夢想有關的事，堅持三年，人生肯定會改變。每天早上將與夢想有關的事寫在日誌上，落實它並且記錄過程，然後在結束一天前重新反思，便能一步一步靠近夢想。

我的計畫永遠都包含了夢想

Life Location 2022年10月17日～11月20日

人際關係 ¬懶得經營，卻把忙碌當藉口
★和U大學畢業生、在校生開會
★聯繫各領域專家
★聯繫Pulmuone等事業成功人士

工作 學校工作最終整理
● 論文指導
● Youtube／U大學經營／商品
★以寫作為中心
★專心讀書，開發各式各樣的內容

Goals
自由自在的旅遊作家
成為兩百億的
線上社團經營者

家人
● 幫老大打基礎
● 家族聊天室
★寫信兩次
★兩百場家庭會議

玩樂，休息
● 除了睡覺、健走，沒有其他休息時間
★晚上九點運動，十點睡覺
★看兩部電影
★旅行兩次

自我開發
找不到時間自我開發
★閱讀十二本書（閱讀基礎自我開發書籍，以累積相關知識）
★拍照 & Instagram

Memo
● 執筆利他型自我開發
● 閱讀十二本書——建立具體的推薦圖書清單
● 旅行兩次——拍照 + Instagram

Good Habit
● 固定時間起床
● 午睡
● 突然的習慣，先整理的習慣
● 眼部運動，讀書習慣
● 隨時攜帶書本（又成功了一半）
● 與人相處時盡量專注
★每天晚上九點半運動的習慣
★隨身攜帶書本的習慣
★早上固定花兩小時寫作的習慣
★只在指定空間抽菸的習慣
● 各領域專家 + 成功人士 調查暨會議
● 積極參與實體會議
● 休息與寫信

Bad Habit
● 偶爾晚睡
● 抽菸過量
● 閱讀專注力↓
● 寫作拖拖拉拉
● 果斷旅行↓
● 不運動

以我來說，我的其中一個夢想是成爲環遊世界的自由旅行作家。每天早上起床後，我都會先想到這個夢想，從來沒有一天忘記。還有，我每天都會用網路搜尋想去旅行的地方。搜尋旅遊地並不難，也不會花太多時間。儘管如此，這個簡單、微小的行動，仍然帶給我很大的意義。

從現在開始，每天早上起床後，先想想與夢想有關的事吧。無論什麼都好。爲了實現人生夢想，每天都讓它在腦海中刻下印記。

把過去帶到當下的經驗

一天結束，是時候上床睡覺了。試著在睡前看一下今天記錄的內容，在腦海中回想這一天，三到五分鐘便已足夠。

事實上，相較於早上才做計畫，前一天晚上簡單寫下計畫更好。這是因爲，建立計畫總要先回顧自己的一天。翻看筆記確認今天做了什麼，才有辦法思考明天該做什麼，後天又該做什麼，做好一連串的安排，比如「明天做這個和那個……專心做這件事準沒錯」等。睡前五分鐘思考，不外乎是濃縮記憶的行動。

普魯斯特的小說《追憶逝水年華》，在過往記憶的描寫表現得相當出眾。主角「我」品嘗浸過紅茶的瑪德蓮時，回憶中的影像在眼前展開。「我」感受到放到嘴裡的瑪德蓮，吃起來就像童年吃過的那個味道，清楚記起過去。這本小說經常出現憑藉氣味和聲音，喚醒過往記憶的場面。因此，心理學界將聞到味道而想起某個記憶的現象稱爲「普魯斯特效應」。

過去的經驗來到現在時，我們會有新的感受。這些回憶是否能生動地活過來，取決於腦海中留存了多少印象，以及它們如何整合。

活在步調飛快的現代社會，我們往往被迫活在現在與未來之中，但這一切都必須先有過去。紀錄不僅是過去的反省，更是現在的發現，以及邁向未來的決心。換句話說，如何記錄過去、現在與未來，將改變我們的人生。眞心希望各位不會錯過這個改變的機會。

17 今天的紀錄將會成爲賣點

如今，誰都能創作專屬內容，經營自己的媒體。各位有專屬自己的內容嗎？如果你想創作與眾不同的出色內容，卻老是力不從心，很有可能是因爲屬於自己的「素材」太少了。

我目前也經營 YouTube 頻道，創作內容，所以很清楚素材有多重要。我想告訴各位，最容易找到素材的方法其實就是記錄日常。

我敢斷言，日常紀錄是內容的寶庫。早上起床直到睡前爲止，你度過了怎樣的一天呢？當我這麼問，很多人都會回答，我過得非常無聊，每天做的事情都一樣。眞是如此嗎？實際上，我們的日常相當多采多姿，即使一直在做一樣的事，期間也會出現不同的想法、場景、感受，只是我們沒有發現，任由它們匆匆度過。

舉個例子。假設現在是午餐時間，當我試著寫出上午做的事情時，卻想不起來自己做了什麼，縱然那不過是幾小時之前的事。不過，如果你每天都這麼做，總有一天能具體描述出上午的樣子，宛如在看電影一樣。然後，逐漸看得見以前看不到的素材、靈感、插曲。

坐在通勤的公車上，窗外的景物深深映入眼簾；進了公司，也能立刻發現原本在大門右邊的雕像換了位置。

回想過去發生的事，使我們在生活中擁有新的感受。透過紀錄，反省日常，我們每天都能獲得新的刺激，找到好點子，獲得豐富的內容。現在起，試著按照下列方式記錄吧。

1. 記錄微小的事。

不是只有相當令人吃驚或饒富趣味的事情才算得上插曲，畢竟我們記錄的是極為平常的一天。即使是很微小的事也好，試著記錄生活中發生的小事。就算你不是主角也無所謂。

比方說，早上搭公車時，你看到一個奶奶提著菜籃，你開始思考她的人生過得有多勤奮。想像一下，奶奶從哪裡來，又在菜籃裡放了什麼。這種做法正是我的「想像插曲」。記下簡單的事實，再寫出相關的聯想。

2. 記錄情感。

就算是微不足道的小事，我們也會產生各種情感。可是，我們不會具體分析這些情感，而是以「好煩啊」「真可笑」等話語隨便帶過。試著檢視自己當下的感受。你將看見它有多麼複雜、多樣。

比方說，主管想交代你一項工作，但他實在太囉嗦，導致你完全抓不到重點。如果經歷過這種經驗，你一定會生氣。不妨把具體的情況和情感筆記下來。你只有感到生氣嗎？其中難道沒有夾雜對主管的埋怨或失望嗎？

3. 記錄感覺。

感覺是人最容易忽略的部分，卻是我最想強調的紀錄要素。大部分的人對記錄資訊與事實、記憶都很熟練，卻不知道如何記錄感覺，其實這比想像中容易。

比方說，你今天早上出門時，發現家門前的樹葉格外閃亮，與湛藍的天空十分相配——這就是感覺。今天抽空看了一本書，覺得作者好像在和自己對話——這也是感覺。只要記下這些就好。

18 記錄型人類的日誌使用法

身爲紀錄學者，我最常聽到的問題自然是如何寫日誌。爲了讓生活過得更具體、積極，不計其數的人選擇寫日誌。各位寫日誌嗎？觀察生活周遭，我發現有些人把日誌寫得密密麻麻，幾乎是以一小時爲單位在寫每日計畫，卻從來沒有實現。各位若有同樣的狀況，或許可以改變一下寫日誌的方式。

我的工作就是記錄，所以我會在上午、下午、晚上等三個時段寫日誌。我不會寫出具體的時間，單純列出上午、下午、晚上分別該做的事情。我寫的不光是工作，亦時常與興趣有關。畢竟整天都在工作的話，生活就沒有樂趣了。日誌不必寫得太詳細，沒遺漏當天該做的事即可，各位應該懂我的意思。

「記錄就是簡單寫出重點！」

決定一天中的核心日程

選出一整天計畫中最重要的那件事。不要想得太複雜，依據自己的想法選擇。假如今天有會議，你可以選擇在會議中有條不紊地說出意見，用不著一定要和工作相關。假如你喜歡下午到書店看書，也可以把這件事當作最重要的核心行程。

如果我們不在日常中建立核心，就會在渾渾噩噩的狀態下度過一天。反之，如果在日常中建立核心，就能以它爲中心，安排一整天的日程，剩下的事情自然能迎刃而解。

當我這麼說，有些人會說計畫帶來太多限制。擬定計畫時，務必要留餘裕。計畫要是過於緊湊，自然會令人感到束縛。請牢記，計畫要有自由。

我每天早上都會拿出日誌本，擬定一整天的大致計畫。此時，我會保留一小時三十分鐘至兩小時左右的空檔，作爲緩衝。這樣一來，才有機會調整日程，以及利用這段時間解決來不及完成的事。

除此之外，試著規畫自己的自由時間。舉例來說，擬定一天的計畫時，你可以加上「到漢江聽一小時三十分鐘左右的音樂」，以更積極的態度在計畫中找到自由。

管理學中經常提到CSF（Critical Success Factors）一詞，意思是做到某件事時，一定有「關鍵成功因素」。未來，當你在寫計畫時，試著一併寫出CSF。假設你的計畫是讓上午的會議順利進行，就可以在旁邊寫上落實計畫的方法，像是「爲了讓會議圓滿成功，我得好好聽組員的意見」等。

這個方法將使你的日常更有方向與效率，與單純在日誌寫上當天排程有天壤之別。不過，我想提醒各位，寫日誌並不是只爲了讓生活變得有條理。

寫日誌的終極目標是回想自己的一天，盡早想起尚未完成哪些事。想像自己的事，意味著不斷思考自己、認識自己，同時也對先前提到「活出自己的人生」有很大的幫助。

請記住，每天早上都要好好安排前面說的人生核心（夢想）與一天的核心（日常）。我已經習慣這項例行公事，如果沒有在一天的開始做記錄，反倒覺得不自在。擬訂計畫後，我就可以愉快、積極地迎向一天。偶爾我也會整天沒辦法按計畫走，但隔天再試一次就好。新的一天總是會來臨，習慣記錄的人絕不會輕易動搖。

CHAPTER 09

工作

務必要當個成功的人

19 如果想變得有能力，就記錄自己的工作

如果是有工作的人，不管是誰都會做記錄，最具代表性的方法就是寫工作手冊。以我個人來說，由於我的工作不須另外寫工作手冊，所以會把與工作有關的事、閱讀摘要、YouTube 影片觀覽心得全部記在一起。

工作手冊的記錄方式可按照工作性質調整，但有一個原則，那就是「少寫一點」。只要遵循這個原則，許多事情都會變得容易。想像一下，有個充滿熱情的新職員下定決心認真工作，兩個小時就寫滿三頁的工作手冊。

雖然他的心意難能可貴，但很有可能根本不知道工作重點是什麼。盲目記錄不一定能做好工作。有些人儘管記錄了很多東西，也沒有重點。換句話說，他們的紀錄不見效果。

說到底，記錄工作的重點在於讓自己多思考「怎樣才能做好這件事」。假如你已經思考過各種層面，還是無法找到解決辦法，不妨問問主管。

「這個問題曾經有人這樣解決，那件事如果那樣處理就可以了。可是，我想

記錄工作時，須寫下自己的「想法」

10月7日 星期五

- 製作Pacochal diary的重點確認事項
  - 裝訂堅固、好翻閱／強烈要求
  - 盡量減少頁面的不一致／強烈要求
  （稱讚金泰協社長的樣品→效果很好）
  養成稱讚合作廠商的習慣

- 學習、考慮每32小時工作制
  - 體驗週休二日制
  - 1994年德國福斯汽車公司的週休二日制→加強為每週28.8小時彈性工作制
  （一個月工作三週，一年工作11個月等）
  - 一週、一個月、一年等相對長期的休假有正面意義，but要如何確保公司成員達到最高工作效率？

- 元宇宙辦公室
  - 與湖南大學的白蘭教授交流想法
  - 研究美國的兩個平台
  - 簡單檢討辦公室基礎架構
  - 以郵件委託提供架構範例

- 發送鼓勵參加iCanU演講簡訊
  - 「請稱讚聽了幾個演講的自己。」
  - 「建議大家放下心裡的負擔，下定決心來聽這堂課。」

- 瑜伽和修練內心的相互關係
  - 指尖、頭骨邊緣、移動的中心
  - 將注意力放在肉體的特定部分，同時放空大腦的互動方法
  - 被動與主動的肌肉動作

- 新的對話專注條件

1. 引導對方稱讚自己，給予自己高度評價
2. 找出封閉思考模式的根因
   - 階段注入式
   - 不簡單的課題
   - 達成時，效果極佳
3. 為了確保未來計畫的具體性，得有各種限制。於下列三者擇一
   - 嘗試序列分析法
   - 誘導開心想像

不出該如何進行現在要做的工作。請問您有什麼想法呢？」

如果用這種方式提問，主管肯定會多提點你。相反地，如果你完全不動腦筋，每件事都問要怎麼做，即使是新人，他們也不會每次都幫你。

就算是工作，依然要把自我中心放在第一位。千萬別忘了工作紀錄的核心是「想法」。假如你想內化自己在工作領域看到或聽到的東西，就要不停思考。我之所以要求各位記錄重點，正是爲了讓各位經歷思考的過程。

會議紀錄的重點

工作紀錄的另一個例子是「會議紀錄」。多數人傾向把會議紀錄寫得非常詳細，但不代表那就是好的會議紀錄。假如各位需要花兩、三小時寫會議紀錄，你做記錄的習慣想必出了問題。既然如此，會議紀錄究竟該怎麼寫，才能算得上寫得好呢？哪些才是該寫的細節呢？

對話分爲關係對話與內容對話兩種類型。關係對話包含感受或無形的訊息，像是在會議中與談話對象熱情交談、確認彼此追求成果的意志等。而內容對話受關係對話的影響，不同人或許會有不同的解讀。縱使會議中討論的是同一件事，每個人的解讀也不一定相同。因此，會議紀錄寫得越詳細，參與者越容易出現異議或做出不同的評價。

請避免將會議紀錄寫得鉅細靡遺。有些人在會議中錄音，然後一邊重聽一邊寫紀錄，這是很沒有效率的事情。如果你錄音是爲了聽會議重點做記錄，倒沒有關係；但如果你在會議過程中相當專注，大可不必重聽整場會議的錄音檔。只要掌握重點，將核心內容整理成關鍵字就行了。

會議參與者有時會做出毫無邏輯的發言，導致會議進展不順。要是會議紀錄能理清這種會議的脈絡，將別有意義。爲了有條理地掌握重點，「順序」不可或缺。按照順序組織會議內容，再以關鍵字簡單統整。範例如下。

標題：〇〇會議 / 日期：2023年7月1日 / 記錄者：金翼漢

- **新品上市說明會**
  –確認消費者體驗會日期
  –發新聞稿　暨　規畫記者座談會
- **討論新品市場行銷方案**
  –蒐集社群市場行銷成功案例
  –撰寫線上市場行銷企畫

重新組織、統整會議內容後，需特別強調重點或另做記號。此外，開會過程中如果有人提出具體的方案，也要明確記錄下來。會議紀錄最重要的莫過於會議的主要議案與相關決策。完成會議紀錄前，請務必記得重新統整會議中所做出的各個決策。

20 這樣筆記主管的指示

A職員收到組長的指示，他全神貫注地將組長交代的內容記在筆記本，深怕錯過任何一句話。結束對話後，他回到自己的座位。來，開始做事吧。A職員心中滿是鬥志。

在你看來，A職員是會做事的員工嗎？不得不說，他的確是認眞做事的員工。然而，他如果懂得紀錄的核心，此時理當有不同的行動。以筆記的技巧來看，他應該在主管說話時寫下兩件事。第一件事是**聽清楚主管的指示，確實寫下自己該做的是什麼、應該交出怎樣的成果**。這是我們必須從外界獲得的最基本資訊，一般人都會把它記下來。不過，我們更不該錯過的是第二件事。

第二件事是**思考說話者的本意**。想想對方究竟對自己有什麼期待，聽出他的言外之意。如果一味抄寫主管說的話，極有可能錯過了解明確的工作目標、主管指派工作的用意，和期望成果的機會。

倘若主管明白說出自己的用意當然是萬幸，但我們不能只冀望這點。上過班的人都知道，職場多的是心口不一的人。他們不一定是想隱瞞自己的用意，有時純粹是說話習慣，或是受到當天情緒的影響。

無論出於善意或惡意，對方都有可能隱瞞用意。口裡說著你自己看著辦，心裡卻想著如果這麼做就好了。

假如認眞聽對方說話，不難發現背後的用意。想得知別人內心的想法，除了當下須全神貫注，平時也要多了解對方的個性與說話習慣等。因此，我們接收工作指示時，首要之務就是掌握主管指派工作的用意。

摘要、分類後看見的東西

回到前面的範例。A職員聽完組長的指示後，回到自己的座位。開始做事前，他必須先拿出內在的潛力。此刻，他需要的就是分類。

首先，他可以分類工作的處理步驟：①市場調查②樣品調查③思考產品策略。接著，他可以在創造結果的過程中，將考量條件分爲經濟、社會、醫療等層面。細分主題後，便可開始撰寫具體事項。如果有所不足，再進行其他調查。走到這一步驟，代表整個計畫已經有了架構，新增、修改細節並非難事。

現在，再次思考主管的本意。目前的做法眞的符合他的用意嗎？如果是這樣，就可以開始著手進行，報告結果。這正是記錄型人類的工作方式，也是效率最好、最有用的工作處理方法。請切記，**紀錄永遠伴隨著摘要、分類**。

紀錄可說是一種工作導航。做記錄可以讓你知道自己目前是否偏離了工作重點，確定是否挑出了有意義的資料。

如果你的工時很長，老是留下來加班，卻沒任何成效，不妨先檢視自己的工作紀錄。改變記錄的方式，或許能讓熬夜加班好幾天才能完成的工作，在短短半天內完成。因爲有了導航，就可以省略無謂的工作，使「汰除」變得可行。

各位是否覺得不安呢？如果只記下關鍵字，恐怕會錯失重要的內容；打算寫出別人的用意時，又擔心對方的眞正用意不同於自己的預期。如此，難不成眞的要記下所有事嗎？做什麼都需要勇氣，如果因爲不安而放棄效率，我們終究會失去日常的節奏，無法自我調節。

萬事起頭難，做錯事或挨罵都是很自然的過程。以長遠的眼光看待人生吧。我們的人生很漫長，別太糾結現在的過失是否會衍生大問題。

21 改變人生的日誌撰寫法

我以前不是認眞讀書的學生，所以從來沒想過自己會成爲教授。大學畢業後，我遲遲無法找到生活重心。二十九歲時，我決定到東京大學留學。雖然留學時機稍嫌太晚，卻是逆轉人生的大好機會。

不過，獨自展開留學生活後，我對於所有事情都須自行計畫、決定的現實，感到非常迷惘。好不容易下定決心留學，卻不改既有的生活方式，肯定還是會一事無成。我苦惱了很久，總算想到退伍後每天讀書十八小時的經驗。那時，我持續運用紀錄提升自己的學習效率。我靈機一動，除了學習內容以外，是不是也能記錄整個生活？於是，我開始寫日誌。

寫日誌的人很多，但因爲寫日誌得到顯著成長的人不多。人們通常以一年爲單位寫日誌，而我是以月爲單位。這件事帶給我很重要的力量，使留學生涯得以成功結束。這麼說可能有點像炫耀，不過一般人攻讀東京大學的博士學位，大約需要花十年，但我只花了六年半，就回到韓國當教授了。

我至今仍然以星期為單位制定計畫，以月為單位寫日誌

2022 10月10 ~ 16日

Plan

★Pacochal diary販賣系統，以建構消費者社群＋宣傳、行銷方式為重點

● 熟悉撰寫利他型自我開發的節奏

-完美結合節奏與日常的快樂

-把重點放在形成規律快樂

● 完成兩部Youtube宣傳影片

Critical Success Factor

★Monthly Diary撰寫活動建立有成效的活動CSF

「你這個星期有計畫嗎？」

「辛苦一星期的各位，請稱讚自己，繼續懷抱夢想吧。」

「每天、每周、每月懷抱夢想的方法」

★節奏CSF：每天的節奏（手上的書、合唱、一句話）

★最想告訴別人的訊息（從我的生活中尋找）

Task

	10	11	12	13	14	15	16
Pacochal diary智慧商店		⟶	⟶	⟶			
兩部宣傳影片		⟶					
社群			⟶	⟶			
撰寫利他型自我開發	⟶		⟶		⟶		⟶
筆記Youtube素材（包含調查資料）	⟶					⟶	

Weekly-See

● 在公司很不專心（本周效率不高的關鍵原因）

● 找不到運動的節奏

● 無法領導事業會議

● 堅持執行基本工作一星期

＜有策略的人＞

Words of Praise

● 稱讚堅持完成工作的自己

● 稱讚完成Pacochal diary的自己

● 稱讚拍完七部Youtube影片的自己

我接下來要介紹的是，對我留學生涯帶來莫大幫助的日誌撰寫方法。若各位正苦於工作效率低下、做什麼都得不到成果，不妨積極運用這個方法。

管好一個月，一年就會不一樣

我買了兩百多頁的筆記本，展開每個月完成一本紀錄的行動。筆記本的左頁是計畫，右頁則是執行狀況。每天早上一起床，我就會在左頁記下當天要做的事；右頁則寫從幾點到幾點讀了什麼書，幾點到幾點又和誰見了面等。結束一天後，我會寫下自己對今天的評分、決定、稱讚等。此外，我也會記錄學習內容，摘要重點的相關紀錄約莫五至六頁。長期下來，一旦某天沒有寫個五到六頁，就覺得自己似乎沒有好好學習。

計畫寫一頁，執行狀況寫一頁，加上五至六頁的學習內容，一天總共要寫七至八頁。一個月後，就能寫完一本筆記本。到了月底，看著寫滿的筆記本，難以言喻的欣慰與喜悅就會湧上心頭。

我認爲用年爲單位做記錄太久了。在每年的開始寫新日誌，通常很難超過

一、兩個月。縱使能堅持下去，市面上的日誌通常一天只有一至兩頁，篇幅實在不夠。光憑這點程度的紀錄，人生很難有改變。

因此，**我建議以月為單位寫日誌。一個月一本日誌，能令人獲得強大的成就感**。每個月都獲得這樣的成就感，當然會產生自信，覺得自己可以掌控人生。

不過，各位必須留意，雖然寫日誌是以月為單位，制定計畫卻要以星期為單位。人很容易放棄太過長遠的目標與計畫。為期一年的目標眞能好好控管、引導每天的生活嗎？我想，大家應該都有一月初設定某個目標後，不到一個月就忘記的經驗吧。

以星期為單位設定目標，使目標變得明確，然後每天實踐看看。每星期制定計畫、有方向地思考、每天提醒自己目標是什麼的人，絕對會成功。養成這樣的習慣後，就可以開始以月為單位設定目標。不過，以年為單位設定目標、付諸實踐，連身為紀錄學者的我都辦不到。

我再強調一次，這個日誌撰寫法對我的人生帶來決定性的影響。除了累積知識以外，我發現這也改變了我的生活態度，讓我變得更忠於人生。我的生活並沒有因此變得艱難，因為我相信記錄日誌可以令我充分成長。擁有的框架夠大，就算必須按計畫走，感覺依然自在。

要是我沒有透過日誌逆轉人生，就不會成爲教授，也不會有今天的成就了。各位也可以。只要以月爲單位寫日誌一年，你一定會發現自己的改變。而且，改變不會結束。期望各位能在記錄生活的過程中，體驗到截然不同的人生。

結語

但願我們活在自己當家作主的世界

我取得博士學位、回到韓國時，適逢九〇年代中後期。那時，政府首爾廳舍後[1]還有公文焚化廠，公務員們每天都在那裡焚燒政府公文，甚至有人以市場用的包裝紙或糖餅袋裝公文。

二〇〇四年五月，《世界日報》以〈沒有紀錄的國家〉爲題，發表了十篇系列報導，如實呈現韓國國家紀錄的現實。前總統盧武鉉讀完〈沒有紀錄的國家〉系列報導後，決定邀請像我一樣的紀錄學者進青瓦臺。這次會面成爲我參與政府紀錄改革工作的開端。

紀錄管理是民主國家的基礎文化之一，原因主要有二。一是向國民提出國家

① 譯注：位於首爾鐘路區的辦公大樓，有眾多韓國中央行政機關常駐。

所爲的證明。這是紀錄的「責任說明特性」，也就是留下紀錄，向國民轉達政府做了哪些事情，盡到說明責任。

二是增強溝通的明確度。決定或執行某件事時，活用紀錄可以減少含糊、不明確的地方。就算是含糊的想法，也能在紀錄的外顯化過程中，統整得更明確。況且，紀錄本身無法在不明確的情況下成立，所以紀錄可說是溝通的核心機制。

我將主修從歷史學改爲紀錄學也與此有關。紀錄不但可以讓意識變得明確、溝通變得順暢，還能在採取行動前收集意見，於結束時交互確認結果。在我心中，這就是民主。

現在想來覺得有點可笑，但我年輕的時候，認爲民主就是總統直選、廢除宵禁，以及勞動者的權利不再被隨意侵害。如今，這些對我們來說只是理所當然的權利，並不等同於完全實現民主。

如果說，人民當家作主，對每件事團結一致、爲生活負起全責的世界，才符合民主主義，我們是不是尚未走進民主社會呢？

如果每個人都公正有效地管理紀錄，民主主義就會不斷成長。基於這個原因，我將主修換成紀錄學。對於重視實踐的我而言，這是必然的選擇。隨著大眾對紀錄的關注與理解程度越來越高，紀錄學和韓國的民主無疑會有進一步的發展。

現在，問問自己吧。各位的想法或人生果眞民主嗎？二〇〇〇年間是從國家層面考慮如何確立民主制度的時代；二〇一〇年間是提高社會整體的程序民主與追求實質民主的時代。二〇二〇年以後的現在，是時候問問自己的人生是否民主了。

主修紀錄學的我想問問各位，你和家人的日常生活是否過得民主？你是否民主規畫自己的生活？只要召開家庭會議，分享簡單的會議紀錄，家庭氣氛就會有一百八十度的轉變。放本家庭日誌在餐桌上，逐一寫下有關家人的事情，它就能成爲一個極佳的家庭生活回顧工具。

將筆記的習慣帶入每件事，模模糊糊的一切都會變得明瞭。把生活全都記錄下來，審愼觀察每個紀錄時，還能重新認識自己。

民主主義最重要的價值就是自己當家作主。國民在國事上當家作主，家人在家事上當家作主，自己在自己的人生當家作主，這不就是民主嗎？

希望大家都能在人生中思考、發言、記錄。如果大家願意一起閱讀、分享紀錄，經常檢視自己、家人、國家，生活中的民主就會逐漸成長。盼各位樂於記錄各個領域，藉紀錄溝通，以紀錄反省自己。但願我們活在自己當家作主的世界。

圓神出版事業機構 方智出版社

www.booklife.com.tw reader@mail.eurasian.com.tw

生涯智庫 216

巨人的筆記：用記錄改寫人生的方法

作　　者／金翼漢
譯　　者／Loui
發 行 人／簡志忠
出 版 者／方智出版社股份有限公司
地　　址／臺北市南京東路四段50號6樓之1
電　　話／（02）2579-6600・2579-8800・2570-3939
傳　　真／（02）2579-0338・2577-3220・2570-3636
副 社 長／陳秋月
副總編輯／賴良珠
主　　編／黃淑雲
責任編輯／胡靜佳
校　　對／胡靜佳・林振宏
美術編輯／林韋伶
行銷企畫／陳禹伶・林雅雯
印務統籌／劉鳳剛・高榮祥
監　　印／高榮祥
排　　版／杜易蓉
經 銷 商／叩應股份有限公司
郵撥帳號／18707239
法律顧問／圓神出版事業機構法律顧問　蕭雄淋律師
印　　刷／祥峰印刷廠
2024年5月　初版

거인의 노트（巨人的筆記）

定價380元　ISBN 978-986-175-792-6

「你要對自己的『舒適度』敏感一點。
最好盡一切努力，讓自己保持在舒適的狀態。」

——《設計好心情》

國家圖書館出版品預行編目資料

巨人的筆記：用記錄改寫人生的方法／金翼漢 著；Loui 譯 .
-- 初版 . -- 台北市：方智出版社股份有限公司，2024.5
240面；14.8×20.8公分 --（生涯智庫；216）
譯自：거인의 노트
ISBN 978-986-175-792-6（平裝）

1.CST：筆記法　2.CST：成功法

019.2　　113002962